Polvo de sus pies

Volumen 1

Polvo de sus pies

Volumen 1

Reflexiones sobre las enseñanzas de Amma

Swami Paramatmananda Puri

Mata Amritanandamayi Center, San Ramon
California, Estados Unidos

Polvo de sus pies – Volumen 1

Reflexiones sobre las enseñanzas de Amma
Swami Paramatmananda Puri

Publicado por:
  Mata Amritanandamayi Center
  P.O. Box 613
  San Ramon, CA 94583
  Estados Unidos

—————————— *The Dust of Her Feet (Spanish)* ————————

Primera edición : abril 2016

Dirección en España:
  fundacion@amma-spain.org
  www.amma-spain.org

En la India:
  inform@amritapuri.org
  www.amritapuri.org

CONTENIDOS

Dedicatoria		6
Prólogo		7
Capítulo 1	El mejor modelo a seguir	9
Capítulo 2	¿Estamos preparados para el vedanta?	19
Capítulo 3	Una tarea aparentemente imposible	29
Capítulo 4	Contacto con Brahman	43
Capítulo 5	El guru es imprescindible	61
Capítulo 6	El guru es Brahman	71
Capítulo 7	La presencia del guru es incomparable	79
Capítulo 8	La oscuridad interior	89
Capítulo 9	El ego y el Ser	99
Capítulo 10	El monte Everest de la espiritualidad	107
Capítulo 11	La sed de conocer a Dios	117
Capítulo 12	La naturaleza de los avatares	125
Capítulo 13	El despertar de un largo sueño	135
Capítulo 14	Cómo experimenta un discípulo la gracia de su guru	147
Capítulo 15	La sádhana y las lágrimas	155

DEDICATORIA

*Saludamos a
Shri Mata Amritanándamayi Devi,
la Madre Universal,
la disipadora de la miseria del mundo,
la que ahuyenta la oscuridad de sus devotos
y se muestra como la Conciencia Eterna
que habita en el corazón,
la que brilla como la Verdad Trascendente
que subyace al mundo y al más allá.*

PRÓLOGO

Desde 1968 Suami Paramatmananda Puri ha vivido como renunciante en la India, donde se marchó con diecinueve años para empaparse de la esencia espiritual de esa cultura grande y antigua. En el transcurso de los años ha tenido la suerte de relacionarse con muchos santos y sabios. Esos encuentros culminaron cuando en 1979 conoció a Mata Amritanándamayi, su guru.

La primera vez que Suami se encontró con Amma, le preguntó cómo debía seguir su sádhana. Amma le respondió: «Conviértete en el polvo que hay debajo de los pies de todos». De ahí viene el título de este libro.

Como era uno de sus principales discípulos, se le acabó pidiendo que volviera a los Estados Unidos para ser el director del primer áshram en Occidente, el centro Mata Amritanándamayi de California, en el que residió de 1990 a 2001.

Muchos de los residentes y visitantes del Centro todavía recuerdan que uno de los momentos culminantes de su estancia eran las charlas de Suami en las que hablaba sobre sus experiencias en la India, su comprensión de las enseñanzas de Amma, las escrituras y su vida en el camino espiritual. Con ingenio y humor, sintetizó Oriente y Occidente y creó un foro de aprendizaje espiritual para personas de cualquier procedencia.

Aunque Suami no ha dado ninguna charla pública desde su regreso a la India en 2001, hay muchas grabaciones de sus satsangs que aún no han sido publicadas. Este libro es un intento de compartir parte de ese material, así como algunos de los artículos que escribió después de regresar a la India.

El editor
Centro M. A.
1 de septiembre de 2014

CAPÍTULO UNO

El mejor modelo a seguir

¿Qué gana una vela cuando arde? Nada. Su misma existencia consiste en dar luz a los demás. Los árboles también son así. Soportan el calor del Sol para dar sombra a los que descansan debajo de ellos. Si se trata de un frutal, los frutos son alimento para los demás. Incluso ofrecen su propio cuerpo a los que los cortan para hacer leña o utilizarlos en la construcción. Para la mayoría de nosotros, los seres humanos, es inconcebible llevar una vida tan altruista. Somos principalmente egoístas. Sin embargo, hay unas pocas almas que viven desinteresadamente y sus vidas son sobrehumanas. Vienen a este mundo solo para guiar a los demás hacia el dichoso estado de conciencia que ellos disfrutan. Su vida es un largo sacrificio. Sacrifican el tiempo, la energía, la libertad, el descanso, la salud y la vida privada para darnos paz mental y para enseñarnos el modo de obtenerla. Al principio puede parecer que sus acciones sirven para concedernos nuestros deseos y quitarnos el sufrimiento y los temores; pero, en última instancia, el objetivo es despertarnos del largo sueño de Maya a nuestra existencia altruista en el Atma. Para conseguirlo probablemente sea necesaria una larguísima inversión de tiempo y energía, pero esa es la única finalidad de su vida. Esto puede parecer tan solo una idea abstracta hasta que nos encontramos con una persona como Amma. Seres como ella vienen a este mundo muy rara vez y somos extremada, inconcebiblemente afortunados al poder relacionarnos con ella.

Amma es el modelo para sus innumerables devotos. Es difícil imaginar que haya existido jamás un modelo como ella en la historia de la humanidad, y, debido a sus incomparables cualidades, no podemos tan siquiera esperar emularla infinitesimalmente; pero hay algunas cualidades que podemos intentar adquirir, aunque solo sea un poco. Una de las más evidentes es el altruismo. Su vida es una expresión constante de altruismo.

Ningún esfuerzo es baldío

Según un dicho, aquello que un mahatma hace naturalmente es lo que los demás debemos esforzarnos por conseguir. De ese modo, nos iremos sintonizado gradualmente con el estado mental del mahatma y compartiremos su felicidad y su paz. El salto que hay que dar para pasar de nuestro estado actual de egoísmo a su estado de altruismo universal es muy grande, pero no imposible. Por desgracia, la mayoría de las personas con las que nos relacionamos tienen muy pocas cualidades dignas de emulación y muchos de nosotros adoptamos las cualidades equivocadas en nuestras relaciones; pero, aunque solo hagamos un pequeño progreso en el camino espiritual gracias a una buena relación, ese avance no se perderá. Como dice Shri Krishna en la Bhágavad Guita:

> En este camino, ningún esfuerzo es baldío, ni existe daño alguno. Hasta un poco de esta devoción nos libra de un gran miedo.
>
> Bhágavad Guita, capítulo 2, estrofa 40

Una anciana murió y su alma fue llevada ante Yama, el juez de la muerte. Este tenía que sopesar los actos buenos y malos que había realizado durante su vida; sin embargo, constató que lo único bueno que había hecho fue dar con desdén una zanahoria a un hambriento mendigo. Por tanto, se ordenó a la zanahoria que apareciera para dar testimonio. Se le dijo a la anciana que la agarrara. La zanahoria empezó a ascender hacia el cielo, llevándose a la mujer consigo. Justo en ese momento el viejo mendigo apareció en escena, se agarró al borde del vestido y empezó a elevarse con ella. Tras él, muchos otros se fueron agarrando y todos empezaron a ascender al cielo por el mérito de una zanahoria regalada. De repente, la mujer miró hacia abajo y vio la cadena de almas colgando de ella. Entonces gritó:

—¡Soltadme, la zanahoria es mía y solo mía!

Y, sin darse cuenta de lo que hacía, agitó la mano para que se soltaran. Al hacerlo, dejó escapar la zanahoria y la pobre mujer se cayó con todo su séquito.

La alabanza es nuestra enemiga

Los seres como Amma no viven según las opiniones de los demás. No le da importancia ni a las alabanzas ajenas ni a sus reproches. Como dice Amma: «No necesito que nadie me dé un certificado». Los mahatmas saben exactamente quiénes son y qué son, y siempre se mantienen fieles a ello. Si alguien los critica, se examinan para ver si tiene razón y se corrigen o lo ignoran. Saben que todo sucede de acuerdo con la Voluntad Universal. Como pueden ver los motivos que hay en el corazón de cada persona, las alabanzas no les influyen.

La siguiente estrofa la escribió en el siglo XVI una gran alma llamada Suami Sadáshiva Brahmendra:

> Aunque un hombre vea el mundo como una brizna de paja y tenga toda la sabiduría sagrada en su mano, le será difícil escapar de la esclavitud si se ha rendido a esa ramera, la vil Adulación.

Cuando se hizo sannyasi se dedicó a ir de un lugar a otro, sumergido en su Ser. Un día que estaba descansando en un campo con un ladrillo bajo la cabeza como almohada, unas mujeres que pasaban comentaron:

—¿Qué clase de sannyasi es este? ¡Todavía necesita almohada!

La siguiente vez que pasaron por allí, al ver que venían, el suami se deshizo del ladrillo. Viéndolo, las mujeres dijeron:

—¿Qué clase de suami es este? Todavía se preocupa de la opinión de los demás.

Y es que nunca saldremos ganando si nos influyen las alabanzas o los reproches de los demás.

Cuando Benjamín Franklin era pequeño, de camino a la escuela pasaba por una herrería. Ya sabéis cómo son los niños pequeños cuando ven algo interesante: se quedan ahí de pie como fascinados. Ben vio que el herrero estaba esforzándose intentando afilar sus herramientas con una piedra de afilar. Al ver que el niño estaba tan interesado, el herrero le llamó diciendo:

—Ven, ven aquí. ¡Qué majo eres! ¿Te gusta mi tienda? Te la enseñaré.

Lo llevó por la tienda, le enseñó todo y al terminar le dijo:

—¿Adónde vas?

—Voy a la escuela.

—Muy bien, eres un niño muy bueno, un niño muy inteligente. ¿No puedes ayudarme? Estoy seguro de que me puedes ayudar a afilar las herramientas un rato, con lo buen chico que eres.

Si alabas a niños inocentes de esa forma, harán cualquier cosa. El niño se sintió obligado y accedió a ayudar.

¿Qué hizo el herrero? Le dio la piedra de afilar para que afilara las herramientas que estaba utilizando. Después de una hora de trabajo extenuante, Benjamín sentía que se le iban a caer los brazos. Pensaba: «Tengo que ir a la escuela. Se está haciendo tarde. ¿Qué me va a pasar?».

Le dijo al herrero:

—Mire, no puedo quedarme más.

El herrero dijo:

—Oh, seguro que eres el niño más inteligente de la clase, el más listo. Aunque vayas tarde a la escuela, no te va a pasar nada. Estoy seguro de que aprobarás todos los exámenes aunque no estudies. Nunca he visto a un niño tan bueno como tú. No he visto a nadie afilar como tú lo haces.

Aunque tenía los brazos flojos como fideos mustios, terminó el trabajo y se fue corriendo a la escuela.

El director le azotó con la vara, que es lo que se hacía en aquellos días si te portabas mal: castigarte corporalmente. Después de eso, Ben decidió que nunca más en toda su vida haría caso de las alabanzas de nadie. Quizá venga de ahí el dicho inglés de que cuando alguien te alaba seguramente tiene que afilar un hacha.

Después de estar con Amma durante algún tiempo, puede parecernos que los demás nos reprochan cosas que no son nuestra culpa. Antes nunca habíamos tenido esa clase de problema. De hecho, yo pasé por esa experiencia durante muchos años. Así me di cuenta de lo mucho que me afectaban las opiniones de los demás. Por fin, un día Amma me preguntó sin razón aparente si todavía me sentía molesto cuando los demás me criticaban. Cuando Amma te pregunta algo debes ser absolutamente sincero, porque ella te ve la mente como si la tuviera en una vitrina delante de ella. No decirle la verdad implica falta de confianza y de entrega y estar aferrado a nuestro ego.

Pensé en la pregunta y respondí:

—Todavía un poco.

Después de eso, pareció que los «problemas» aparecían con menor frecuencia. Creo que todos tenemos debilidades que debemos superar si queremos progresar espiritualmente, y Amma crea las circunstancias necesarias para que tengamos la ocasión de hacerlo. Hay que llegar a un estado mental equilibrado que no se vea afectado por las alabanzas o las críticas. Eso propiciará que se produzca en nosotros la experiencia del *Atman*. Hay que intentar mantener una mente ecuánime.

El orgullo del sabio Nárada

El gran sabio Nárada se enorgullecía de su destreza tocando la vina. Al igual que hace Amma con sus devotos, el Señor Krishna quería eliminar ese defecto. Invitó a muchos de los más grandes músicos a Duáraka, donde vivía. Nárada también acudió. Hanumán llegó disfrazado de mono corriente. El Señor Krishna le pidió a Nárada que tocara la vina. Nárada hizo una actuación maravillosa. Todos valoraron el talento musical del gran sabio y todos, excepto el Señor, le aplaudieron calurosamente.

Al final de la actuación, el Señor Krishna le preguntó a Hanumán:

—Mono, ¿qué opinas de la música de Nárada?

Nárada se lo tomó como un gran insulto y bajó abatido la cabeza.

El Señor Krishna le preguntó:

—Nárada, ¿por qué estás tan triste?».

Nárada guardó silencio durante unos minutos y después respondió:

—Señor, en esta reunión hay muchos músicos de talento. Me has puesto en ridículo pidiéndole a un mono, que ni siquiera sabe los rudimentos de la música, su opinión sobre mi interpretación. Me siento verdaderamente muy afligido.

Krishna dijo:

—Querido Nárada, no te ofendas. Por favor, dale tu vina al mono. Vamos a averiguar si conoce este arte o no.

Nárada se sintió todavía más molesto y se puso a murmurar algo. Krishna le preguntó:

—Nárada, ¿qué es lo que susurras? Dímelo, por favor.

Nárada respondió:

—Es un instrumento muy delicado. Es muy valioso para mí. Lo aprecio tanto como a la vida misma. Y él es un mono. Lo destruirá por completo.

El Señor dijo:

—No tengas miedo, Nárada. Dáselo. Yo respondo por tu vina.

Nárada le dio a regañadientes la vina al mono. A Hanumán no le habían afectado en absoluto las insultantes palabras del sabio. Era un mahatma de mente equilibrada y con un gran control de sí mismo.

El Señor dijo:

—Oh, mono, escuchemos tu encantadora música.

Hanumán empezó a cantar el «Ram Nam» con intensa devoción acompañándose con la vina. Su música era mejor que la Nárada. Los oyentes estaban sumamente complacidos con ella. La música de Hanumán fundía hasta las piedras. Todos lo alabaron. Nárada también se unió a sus alabanzas.

El Señor Krishna dijo:

—Nárada, me alegra ver que tú también aprecias la música del mono. Ha sido realmente asombroso.

Nárada bajó la cabeza, avergonzado, e inmediatamente cayó a los pies del Señor, diciendo:

—¡Señor! Por favor, perdóname. ¿Cómo puedo juzgar los méritos de los demás? Tú eres omnisciente. Tú eres el único verdadero juez.

Cuando Nárada intentó tomar de nuevo su vina, se dio cuenta de que no la podía levantar del suelo. Le dijo al Señor:

—¡Oh Señor! No puedo levantar la vina del suelo. El mono me ha gastado una broma. Permíteme que recupere la vina.

Krishna dijo:

—Oh Nárada, deja que otros traten de levantarla.

Todos lo intentaron, pero fue en vano. Entonces el Señor les preguntó a los demás músicos la causa de la inmovilidad de la vina.

Un músico muy diestro comentó:

—La piedra sobre la que se apoyaba la vina se derritió por la música del mono y la vina se hundió un poco en ella. Cuando la música se terminó, la piedra se volvió a endurecer y la vina se quedó pegada.

El Señor Krishna dijo:

—Nárada, canta para derretir la piedra y recupera tu vina.

Nárada cantó y cantó, pero sus esfuerzos resultaron inútiles. Entonces Krishna le pidió a Hanumán que siguiera cantando y tocando la vina. La piedra se fundió en pocos minutos. Humillado, Nárada recogió su vina.

Nárada se dio cuenta de que el Señor había ideado ese plan para que se librara de su orgullo. Se enteró de que el mono no era otro que el devoto Hanumán. Abrazó a Hanumán con gran afecto y pidió disculpas por su comportamiento.

Así se libró Nárada de su orgullo musical y se volvió mejor persona. A veces el Señor se ríe de sus devotos, pero eso es solo para quitarles el ego.

El orgullo es la mayor desventaja del ser humano. Es muy difícil de erradicar y hasta la mejor persona puede caer en sus redes. Puede echar a perder los logros que se van consiguiendo. Del mismo modo que un papel limpio y blanco se estropea cuando le cae una mancha negra, así también el orgullo arruina nuestra vida por muy grandes que sean los talentos y los logros que tengamos. Estad dispuestos a renunciar al orgullo por medio de la humildad y de la gracia del guru.

CAPÍTULO DOS

¿Estamos preparados para el vedanta?

En cuanto al estudio de las escrituras, Amma dice:

Lo ideal es pasar la mayor parte del tiempo haciendo japa y meditando. Si estudiamos demasiado las escrituras no podremos sentarnos a meditar, porque estaremos pensando: «yo soy Brahman; ¿para qué voy a meditar?». Aunque intentemos sentarnos a meditar, la mente no nos lo permitirá y nos obligará a levantarnos. Y el conocimiento de las escrituras hará que deseemos cambiar a la gente. Hijos, ¿qué ganaréis dedicando toda vuestra vida al estudio de las escrituras? Nadie se comería un saco entero de azúcar para conocer su sabor. Una pizca es suficiente.

Amma cree que los aspirantes espirituales deben estudiar las escrituras del *vedanta*. Entre ellas se encuentran los *Brahmasutras*, las *upanishads*, algunas de las obras de Shankaracharya, etc. Estos libros enseñan la filosofía del *aduaita* o no dualidad, que puede resumirse así: «El universo, tú y Dios sois un todo indivisible, la Conciencia Absoluta». Esas escrituras presentan esta verdad sublime de diferentes maneras mediante muchos ejemplos e historias.

Puede parecer raro que hasta los principiantes estudien la filosofía más elevada. Tradicionalmente, el vedanta solo debe enseñarse a los que...

> ...están capacitados por haber quemado (todos) sus pecados (acciones *adhármicas*) mediante las prácticas ascéticas realizadas en distintas vidas pasadas, por tener la mente purificada y un intelecto que distingue lo real de lo irreal, por ser indiferentes a los placeres de este mundo o del otro, tener bajo control la mente y los sentidos, haber subyugado las pasiones y abandonado las acciones como una carga inútil, poseer una fe firme y una mente tranquila y buscar con ansia la liberación de la esclavitud.
>
> Advaita Bodha Dípika

Evidentemente, según esta lista de cualidades la mayoría de nosotros no estamos capacitados. Entonces, ¿por qué quiere Amma que estudiemos vedanta de la manera tradicional? Porque primero tenemos que comprender intelectualmente cuál es el objetivo último de la existencia humana y cómo alcanzarlo. Cuando aprendamos este evangelio de la Verdad Suprema, permanecerá para siempre en nuestro subconsciente aunque no estemos pensando en ello. Es esencial tener una idea clara de nuestra verdadera meta en la vida. Debe ser el fundamento de nuestra vida. Podremos obtener el beneficio máximo de nuestra relación con Amma cuando comprendamos cuál es su experiencia, aunque solo sea intelectualmente. El objetivo último de su vida como guru que ha conocido el Ser es guiarnos hacia su estado de Paz Infinita, y lo conseguirá más fácilmente si entendemos la verdadera finalidad de nuestra relación con ella.

Para poder experimentar con fruto lo que dice el vedanta, lo primero que hay que hacer es adquirir concentración en la Realidad. La Realidad Última, Dios, el Guru o *Brahman* es lo más sutil de lo sutil. Por ello se recomienda hacer diferentes prácticas devocionales para conseguir tener una mente sutil y sosegada. Algunas de estas prácticas son el canto devocional, el japa, la meditación y la oración. Gradualmente, la mente se va concentrando y se va apartando de los objetos externos y de los pensamientos internos. Adquirimos concentración en lo Divino. Pero si se estudia vedanta sin devoción y sin un guru, pueden ocurrir cosas raras.

Tergiversaciones del vedanta

Antes de que se empezaran a dar clases de vedanta en el áshram, Amma quiso que uno de los muchachos que vivía allí fuera a estudiar las escrituras a otra institución y volviera a enseñar a los futuros residentes del áshram. Cuando oyó la enseñanza de que él era Brahman, llegó a la conclusión de que ya no tenía ni que seguir escribiéndole a Amma, así que no lo volvió a hacer. Amma entendió lo que estaba pasando porque no necesita recibir cartas para entender lo que sucede en la mente de una persona. Dijo: «Ahora él cree que es Brahman y que ya no me necesita». Así que le escribió una carta que decía:

> Hijo, si escribes la palabra «azúcar» en un papel y lo chupas, ¿te sabrá dulce? Tu Brahman es eso, un Brahman de papel.

Había una vez una señora que, cuando su marido se iba a trabajar, iba andando a un templo cercano y escuchaba discursos espirituales sobre el significado interior de las escrituras devocionales como el *Bhágavata* y el *Ramáyana*. El pándit decía que Krishna era el Yo Supremo y las gopis, sus amigas de la infancia, los diferentes nervios del cuerpo que se avivan con su contacto. El Señor Rama es Dios y Sita es el alma individual. Rávana es el ego con sus diez órganos de los sentidos. Los ríos Ganga, Yámuna y Sarásuati son la *kúndalini shakti* que está dentro de cada uno, y así sucesivamente.

Al oír esas interpretaciones, empezó a pensar: «Si todo está dentro de mí, ¿para qué voy a molestarme en cumplir todos esos deberes como levantarme a las cuatro de la mañana, darme un baño, hacer la puja y tantos otros rituales?» Y decidió no volver a hacer nada de eso. Al día siguiente durmió hasta las siete de la mañana porque no pensaba cumplir ninguno de sus deberes matutinos. Su marido, que ya se había levantado, se encontró con que no tenía agua para bañarse, así que fue a la cama de su mujer y gritó:

—¿Dónde está el agua para bañarme? Vivimos juntos desde hace veinte años y todos los días me has traído agua; pero hoy no tengo agua. ¿Se ha secado el pozo? ¿Estás enferma?

—Los ríos Ganga, Yámuna y Sarásuati están dentro de ti bajo la forma de Kúndalini Shakti. Puedes sacar agua de ellos —le respondió bostezando.

Al ver el estado pseudoespiritual en que estaba su mujer, pensó que tenía que hacer algo, así que le dijo:

—Ah, ya veo. Has conseguido llegar a un estado muy elevado. No creo que seas capaz de cocinar hoy. Iré tarde a la oficina para poder cocinar para todos nosotros.

La mujer volvió a dormirse y el marido hizo el desayuno. En el plato de la mujer puso tres veces más chiles de lo normal, escondió todos los recipientes de agua que había en la casa y quitó el cubo del pozo. Después, llamó a su esposa para desayunar. Tras el desayuno, ella estaba sedienta y buscó agua por todas partes. Corrió al pozo, pero no había cubo. Después miró por todas partes buscando las vasijas con agua potable, pero no las encontró. Entonces gritó:

—¿Dónde está el agua? ¿Dónde está el agua? ¡Me estoy muriendo!

—El Ganga, el Yámuna y el Sarásuati están dentro de ti. ¿Por qué no bebes de esa agua? —le dijo tranquilamente su marido, sonriendo.

Entonces ella comprendió su error y, aunque no olvidó las verdades espirituales que había aprendido, no las volvió a aplicar de esta forma en su vida diaria.

> Mantén el aduaita en el corazón, pero no lo expreses nunca en la acción. Y, aunque lo aplicaras a los tres mundos, hijo mío, no se lo apliques nunca al guru.
>
> Tattuopadesha, estrofa 87, Shri Shankaracharya

Amma y todos los sabios del pasado dicen que no conseguiremos experimentar el Ser solo con el mero estudio de las escrituras. La sádhana, y solo la sádhana, puede purificar la mente de sus aparentemente inagotables pensamientos, abriendo el camino de la experiencia directa. Sádhana es todo lo que lleva la inquieta mente a centrarse en la Verdad. Amma dice:

> Las escrituras son como los carteles publicitarios. Son indicadores que señalan la meta. Es el único uso que podemos hacer de ellas. No obtendremos cocos a partir de la pintura de un cocotero. Aunque hayamos terminado los planos de una casa, todavía no podemos vivir en ella. Solo cuando la hayamos construido según los planos podremos hacerlo. Las escrituras son como la pintura o los planos. Tenemos que trabajar para alcanzar la meta.

Amma insiste en la práctica de la meditación. En primer lugar, ¿qué es la meditación? Algunos de nosotros podemos haber leído el libro *Yoga Sutras* de *Patánjali*, que contiene uno de los sistemas de pensamiento más científicos y analíticos conocidos por el hombre. No trata sobre la ciencia de la materia sino sobre la ciencia del control de la mente, que es el conocimiento más valioso para quienes desean conseguir una paz interior duradera.

El libro empieza definiendo los conceptos básicos del yoga:

> El yoga es la inhibición de las modificaciones de la mente. Entonces, el que ve habita en sí mismo. De lo contrario, tiene la misma forma que las corrientes de pensamiento.
>
> Capítulo 1, estrofas 2-4

¿Quién es el que ve? Lo que está dentro de cada uno de nosotros y dice «yo» es el que ve, el sujeto. Normalmente, el que ve se identifica con la mente y el cuerpo. Esa identificación desaparece cuando se controlan los pensamientos y lo que queda es nuestra verdadera naturaleza, el «yo» puro. Parece muy sencillo, y lo es; pero no es fácil afrontar la complejidad infinita de la mente. «Simple» y «fácil» no significan lo mismo en la práctica espiritual.

¿Por qué controlar la mente?

Pero, ¿por qué controlar la mente? Amma no se cansa de repetir que, mientras la mente no esté tranquila y nosotros no podamos disfrutar de la paz que nace al controlar la mente, no podremos ser realmente felices. Podemos tener todo lo que queremos: una mujer o un marido maravilloso, hijos, un buen trabajo, seguros médicos y de vida, una hermosa cuenta corriente, etcétera, etcétera. La paz mental que nos proporcionan todas esas cosas del mundo es muy frágil y puede cambiar en cualquier momento. Supongamos que perdemos nuestro dinero, la bolsa baja, la inflación aumenta, tenemos un accidente, enfermamos o mueren nuestros seres queridos. Hay muchas cosas que pueden ir mal en cualquier momento. Si nuestra paz depende solamente de cosas y circunstancias externas, somos como «un pájaro que está precariamente posado en una ramita seca».

Amma nos dice que para conseguir paz es mejor fortalecer la mente que depender de los demás y de las cosas, y que el mejor modo de hacerlo es por la meditación y otras sádhanas que la complementan. No hay otro camino.

Al igual que en el universo material actúa la gravedad, hay una fuerza constante, llamada Maya, que tira de la mente y los sentidos hacia afuera, hacia el mundo. También le oculta al intelecto nuestra verdadera naturaleza y nos hace creer que el cuerpo y la mente son nuestro ser. Por eso nos parece que la felicidad está fuera de nosotros en lugar de en nosotros mismos. Captamos una débil vislumbre de la felicidad interna en el sueño profundo, cuando no hay conciencia del cuerpo ni conciencia del mundo, solo paz. Normalmente los deseos aparecen uno tras otro mientras buscamos incesantemente la felicidad y la paz. Aunque satisfagamos un deseo, nos sentiremos felices y en paz durante un tiempo; pero, finalmente, la novedad desaparecerá y surgirá un nuevo deseo. Esa es la naturaleza de Maya; siempre nos está llevando en la dirección equivocada, alejándonos de nuestro Ser. Es como la proverbial zanahoria que se pone delante del buey para que tire del carro. Después de dejársela probar un poco, se la quitan una y otra vez, incluso una vida tras otra. El buey nunca llegará a comérsela.

> La felicidad obtenida por medio de los placeres del mundo no es más que un reflejo insignificante de la dicha infinita que viene del interior de vuestro propio Ser.
>
> Amma

> Si no obtenéis lo que deseáis, sufrís; si obtenéis lo que no deseáis, sufrís; aunque obtengáis exactamente lo que

deseáis, seguís sufriendo por que no podéis conservarlo para siempre. La mente es vuestro problema. Quiere estar libre de cambios, libre de dolor, libre de las obligaciones de la vida y de la muerte.

Sócrates

Supongamos que, por alguna razón, queremos llevar una gran roca rodando hasta la cima de una montaña. Podemos pasar mucho tiempo estudiando la mejor manera de hacerlo. Podemos rezarle a Dios y pedirle a gritos que sea bondadoso con nosotros; pero, en última instancia, tendremos que luchar constantemente contra la gravedad con todas nuestras fuerzas. Si no la empujamos hacia arriba o se quedará en el mismo lugar o rodará hacia abajo. La gravedad no hace excepciones con las personas. No podemos esperar que se desconecte mientras empujamos. El fuego quema aunque no conozcamos su naturaleza. Si un niño o un adulto pone la mano en el fuego, se quema. De igual manera, todos bailamos al son de Maya, lo sepamos o no, lo queramos o no. Si queremos escapar de su fuerza de atracción, debemos hacer un esfuerzo constante, cuanto más intenso mejor. Como dice Amma:

No podemos predecir cuándo veremos a Dios. Depende del deseo del buscador y del esfuerzo que realice. Si viajamos en un autobús normal, no podemos estar seguros de cuándo llegaremos al destino porque esa clase de autobuses hacen muchas paradas en el camino. Por el contrario, un autobús expreso solo tiene un pequeño número de paradas, por lo que podemos predecir una hora de llegada más o menos precisa. Del mismo modo, si pensamos en Dios sin perder ni un solo momento y seguimos adelante con un completo desapego, podemos llegar a la meta en poco tiempo. Si nuestra sádhana no es intensa, no es fácil predecir cuándo llegaremos.

Amma dice que es mejor pasar mucho tiempo meditando que estudiar demasiado las escrituras. Hay que hacer práctica, aunque sea poca. Para controlar la mente, hay que empezar en algún momento, cuanto antes, mejor. La mente siempre está vagabundeando como un mono inquieto. Después de entender el carácter inquieto de nuestra mente actual, hay que adoptar medidas para calmarla y concentrarla en un punto. Aunque hay innumerables formas de hacerlo, Amma dice que el japa (que acaba llevándonos a la meditación) es el método más fácil y más eficaz. Hasta un poco de japa o de otra sádhana acaba dando fruto.

> Los beneficios de la meditación nunca se pierden. Siempre permanecerán contigo, dispuestos a dar fruto en el momento adecuado.
>
> Amma

> Aquí no hay esfuerzo baldío, no hay daño posible. Hasta un poco de esta devoción libera de un gran miedo.
>
> Bhágavad Guita, capítulo 2, estrofa 40

A muchos nos parece que simplemente no tenemos tiempo para hacer sádhana. Pensamos: «Tengo que ir a la oficina, tengo que ocuparme de los niños y de la casa». De hecho, siempre encontramos más cosas que tenemos que hacer. La verdad es que, si miramos nuestra vida más de cerca, perdemos muchísimo tiempo en pensamientos inútiles. En lugar de eso, ¿no podríamos estar recitando o cantando nuestro mantra? Desde luego hace falta realizar un esfuerzo para adquirir esa costumbre, pero es posible. Alguien me dijo una vez:

—Para ti es fácil hablar de hacer sádhana porque no estás en el mundo.

En realidad, no podemos renunciar al mundo a menos que seamos un mahatma en el estado trascendente del *samadhi*. Hasta entonces, vayas donde vayas, habrá un mundo. Mientras exista un cuerpo, estará en algún mundo. Podemos querer dejar la Tierra y vivir en el espacio exterior, pero eso también es un mundo. La verdadera renuncia significa que, aunque estemos haciendo cosas, nuestra mente está dedicada al japa. Claro que cuando nos dedicamos a determinadas actividades, como el trabajo mental, no podemos hacer japa; pero en cualquier otro momento, en lugar de dedicar el tiempo a hablar con los amigos, leer revistas y todas las demás distracciones de la vida actual, debemos usarlo para el japa, leer las escrituras, meditar, cantar bhajans, escuchar satsangs o cualquier otra actividad espiritual, y así podremos tener un rápido progreso espiritual. Antes de quejarnos a Amma de que no progresamos en nuestra vida espiritual a pesar de todos nuestros esfuerzos, debemos examinar cuidadosamente cuánto tiempo estamos perdiendo con otras actividades y pensamientos. Hay que recordar que la verdadera devoción o meditación se da cuando la mente fluye sin cesar hacia Dios, «...como el flujo continuo del aceite entre dos recipientes». Tenemos que pedir: «que mi mente fluya constantemente hacia Ti como el río Ganga fluye hacia el mar».

CAPÍTULO TRES

Una tarea aparentemente imposible

Desde el nacimiento, aceptamos inconscientemente que la naturaleza de la mente es estar siempre pensando. Nunca lo ponemos en duda. Tenemos pensamientos buenos, pensamientos malos o pensamientos neutros. Los sentimientos también son pensamientos, como lo son los deseos y los miedos. Y también las imágenes y los sonidos. La mente es un espacio en el que los pensamientos vienen y van. La propia mente no es ni buena ni mala. Son los pensamientos los que son *dhármicos* o *adhármicos*. Amma dice que, como la mente no es otra cosa que pensamientos, es posible detener ese interminable parloteo interior suyo y disfrutar de la paz, que es la verdadera naturaleza de la mente. De hecho, ese es el verdadero objetivo de la existencia humana, detener la mente pensante y experimentar lo que sucede después, la paz que sobrepasa toda comprensión.

Aunque esta profunda idea es tan antigua como los antiguos sabios de la India, merece nuestra atención. La mente está justo delante de nosotros, es muy evidente, pero ni siquiera nos damos cuenta de ella hasta que se vuelve insoportable. Los sabios antiguos dicen que, gracias a mucho karma bueno realizado en el pasado, aparece el deseo de comprender y vencer la mente y liberarnos de su tiranía. La mayoría de los seres humanos dedican casi todo el tiempo a preocuparse de los asuntos exteriores y son muy poco introspectivos.

Todos deseamos paz mental. Nadie quiere vivir tiranizado por la mente. Para que eso ocurra, cada uno de nosotros debe tener una vida interior dedicada a conseguirlo. No importa si uno se dedica a la vida monástica o no. Sea cual sea su estilo de vida, la mente va a estar allí y hay que domarla. Todos van a encontrar dificultades. Ha habido muchos sádhakas que no llevaban una vida monástica y tuvieron éxito espiritual, así como muchos fracasados espirituales entre los monjes y las monjas. Lo importante es el esfuerzo personal.

Primero hay que entender la naturaleza del enemigo

Para vencer al enemigo hay que entender su naturaleza. Solo entonces nuestros esfuerzos darán fruto. Amma dice que la mente es un haz de pensamientos aparentemente inacabables. La mente puede compararse con un lago. Cuando no hay viento, la superficie del lago está en calma. Cuando hay brisa, se llena de olas. Cuanto más fuerte es el viento, más grandes son las olas. En el caso de la mente, ¿cuál es el viento? Los deseos y los miedos.

Tenemos un deseo instintivo de felicidad, de una felicidad interminable y desprovista de dolor. Pero, ¿qué hacemos para conseguirla? Sabemos que hemos experimentado felicidad de vez en cuando. ¿Qué la causó? Si lo reducimos a los elementos esenciales, la satisfacción de un deseo proporciona una sensación de felicidad y de paz. Hay deseos de todas clases, pero, mientras la mente está obsesionada con ellos, provocan una sensación de inquietud que dura hasta que son satisfechos. Lo mismo pasa con los miedos. No podremos ser felices mientras no nos despojemos de la causa de nuestro miedo. Eliminar los temores produce felicidad o paz.

Entonces, ¿debemos buscar siempre la felicidad intentando satisfacer los deseos? ¿Es eso posible? Los deseos son infinitos y, después de satisfacer uno, aparece el siguiente. Si observamos nuestra mente de cerca, parece que la paz que experimentamos tras la satisfacción de un deseo es lo que llamamos felicidad. Como eso se debe al aquietamiento de la mente, ¿podríamos acallar voluntariamente la mente y experimentar la felicidad?

Por desgracia, estamos profundamente sumergidos en la idea de que la causa de la felicidad es el cumplimiento de nuestros deseos y la eliminación de nuestros temores o dolores. Estamos profundamente dormidos en esa ilusión. El hecho de que casi todas las personas que conocemos experimente la misma ilusión hace que sea difícil tomarnos en serio la tarea de despertar.

Una pesadilla nos despierta eficazmente de nuestro sueño. No sucede lo mismo cuando estamos teniendo un sueño agradable. Parece que una vida de placer y diversión no es propicia para reflexionar seriamente sobre la vida y la muerte. Algunas personas inician la búsqueda de metas más elevadas después de experiencias dolorosas o trágicas.

La compañía de una mahatma como Amma puede provocar el mismo efecto.

La necesidad de la meditación

Amma dice a quienes se le acercan que nuestra verdadera naturaleza es lo que estamos buscando constante pero erróneamente por medio de los sentidos y la vida exterior. La vislumbramos cuando la mente se calma durante unos instantes al conseguir un objeto deseado o librarnos de uno doloroso ¿Por qué nos gusta tanto dormir sin soñar? ¿Por qué nos preparamos con almohadas, una cama blanda, un ventilador y un entorno tranquilo? Porque durante ese tiempo nos libramos de la distracción interminable de los sentidos y de la tiranía de la inquieta mente. Nos hundimos en nuestro propio Ser. Pero, para conseguir que se convierta en un estado permanente, tenemos que esforzarnos mientras estamos despiertos para que la mente se sumerja en su origen, el Ser. ¿Y eso cómo se hace? Amma nos invita a meditar para ir frenando la mente y finalmente detenerla. Por naturaleza, las personas no se sienten inclinadas a hacerlo, pero la práctica de la meditación se ha convertido en algo muy común en el mundo actual y hay numerosas formas de meditación adecuados para cada persona. Sus beneficios inmediatos, como la reducción del estrés y la mejora de la salud, han sido ampliamente reconocidos y los están poniendo en práctica no solo personas particulares sino también grandes empresas y organizaciones gubernamentales.

Ahora mismo nuestros pensamientos son como semillas de mostaza que se han caído al suelo: están por todas partes. Va a ser necesario un gran esfuerzo para reunirlos todos en un solo lugar. El éxito en la meditación depende de que consigamos concentrar la mente en un punto. Imaginémonos enhebrando una aguja: es una actividad externa que requiere una gran concentración. Mientras lo hacemos, la respiración se ralentiza y la mente se concentra. El proceso de meditación es muy parecido. Se puede realizar utilizando un objeto exterior o un sonido, una imagen o una sensación interiores para agarrarse a ellos. Amma dice:

> Hijos, obligar a la mente a meditar es como intentar sumergir un trozo de madera en el agua. Si la soltamos, la madera emerge inmediatamente. Si no podéis meditar, haced *japa*. Gracias al japa, la mente podrá meditar mejor. Al principio hay que meditar en una forma. Así la mente se concentrará en la deidad amada (*ishta dévata*). Sin embargo, meditemos como meditemos y sea cual sea el objeto de la meditación, es importante la

concentración. ¿Para qué sirve pegar los sellos en una carta si no escribimos la dirección? Lo mismo pasa si hacemos japa o meditamos sin concentración.

Lo que Amma quiere decir con esto es que, por supuesto, la concentración es fundamental, y que la meditación no es una tarea fácil, pero se puede lograr empleando con perseverancia los medios adecuados, como por ejemplo el japa.

Amma a veces compara la práctica espiritual con subirse a un cocotero. En Kérala, donde Amma vive, hay millones de cocoteros. Sabéis cómo se recolectan los cocos de los árboles? No hay plataformas o grúas que se puedan utilizar para subir a un hombre a esa altura. Alguien tiene que trepar por el árbol. Lo normal es que esa persona ni siquiera use una cuerda atada alrededor del cocotero que le impida caerse. Simplemente trepa hasta la copa, se agarra con los pies y con una mano y con la otra corta los cocos utilizando un cuchillo grande. Si alguien ha intentado subir por un cocotero, sabe lo difícil que es. Podemos llegar a subir un par de metros, pero después nos empezamos a deslizar hacia abajo; no hay nada a lo que agarrarse. Los trepadores hacen muescas en los árboles para tener por lo menos algún agarre; pero no son algo de lo que nos gustaría que dependiera nuestra vida. Hasta hace poco, si nacías en una familia de trepadores de cocoteros, por lo general acababas siendo trepador de cocoteros, te gustara o no. Así es como se ganan la vida. El trepador de cocoteros enseña a su hijo a subir poco a poco, una y otra vez, hasta que consigue llegar arriba. No puede rendirse solo porque sea difícil. De lo contrario, ¿cómo va a sobrevivir su familia?

En algún momento, nos daremos cuenta de que la única forma de alcanzar la paz es apaciguando la mente. Entonces haremos ese gran esfuerzo de «hacerlo o morir» para alcanzar la meta sean cuales sean las dificultades. No intentaremos meditar durante cinco minutos y después nos diremos: «Olvídate. No puedo controlar la mente. Está demasiado inquieta». Como se suele decir: «Si no tienes éxito al principio, inténtalo y vuelve a intentarlo», y «la práctica lleva a la perfección». Intentar detener la mente y llegar a su punto de partida es como nadar a contracorriente en un caudaloso río para llegar a su nacimiento: se puede lograr, pero solo con un gran esfuerzo.

Todos los *sadhaks* han pasado por la misma experiencia: tras repetidos esfuerzos por controlar la mente, esto parece una tarea imposible. En la Bhágavad Guita, Árjuna, el devoto de Krishna, le dice eso mismo y el Señor le anima con un gran consejo:

> Árjuna dijo:
> —Este yoga de la ecuanimidad que enseñas, oh destructor de Madhu, no puedo ver cómo continuarlo con firmeza debido a la inquietud (de la mente).
> «La mente es en verdad, oh Krishna, inquieta, turbulenta, fuerte y obstinada. Por eso controlarla me parece tan difícil como controlar el viento.
>
> El Señor Bendito dijo:
> —Sin duda alguna, oh Árjuna, la mente es inquieta y difícil de controlar; pero se la puede llegar a controlar, oh hijo de Kunti, mediante *la práctica* y *la indiferencia*.
>
> Capítulo 6, estrofas 33-35

Amma dice que si no se puede meditar se haga *japa*. El japa es la repetición de un *mantra* o de los nombres de Dios. Algunos de los más grandes santos de la India llegaron a la grandeza haciendo japa. El servicio desinteresado, el canto de alabanzas a Dios o *bhájana*, el japa y después la meditación o *dhyana* purifican gradualmente la mente de pensamientos y conducen a la absorción en Dios (*samadhi*), que es el origen de la mente. En realidad, para lograr la tranquilidad mental hay que hacer un ejercicio de humildad. Acabamos dándonos cuenta de que nuestro esfuerzo no es suficiente. Ahí es donde comienza la devoción, que nace de un sentimiento de impotencia.

La importancia del esfuerzo

Mirabai fue una princesa india y una gran santa, una devota de Krishna que vivió en el siglo XVI. Siempre estaba repitiendo el nombre de Krishna. Túlasi Das, el autor del célebre libro devocional *Ramacharitamánasa* o *Túlasi Ramáyana*, repetía siempre: «Ram, Ram». Namadev recitaba: «Rama Krishna Hari». Todos estos mahatmas, y muchos más antes y después de ellos, repetían constantemente el nombre de Dios una y otra vez hasta que no les quedaba ningún otro pensamiento en la mente aparte del pensamiento de Dios. Cuando se llega a ese estado, la presencia dichosa de Dios brilla en esa mente pura por la gracia de Dios. Para llegar a ese estado de paz y felicidad son necesarios tanto nuestro esfuerzo como la gracia de Dios.

Había una vez una señora que tenía tres hijos. Su marido había muerto poco después del nacimiento del último hijo, de modo que ella tuvo que criarlos a todos sola. Los tres resultaron ser personas excepcionales. Observándolos, uno de sus parientes le preguntó:

—¿Cómo has podido criar tú sola a todos estos maravillosos niños?

—Pues verás, me hizo falta firmeza y gracia —contestó.

—¿Qué quieres decir con eso?

—Que le decía a Dios: «yo pongo la firmeza y tú pones la gracia».

Hay un dicho muy común, según el cual «Dios ayuda a quienes se ayudan a sí mismos». Lo mismo se aplica a la vida espiritual. No obtendremos la gracia de Dios o la de nuestro guru quedándonos tranquilamente sentados. Nuestra sinceridad, humildad y esfuerzo son los que atraen la gracia. Quien recibe la gracia sabe que él mismo no es nada y que Dios lo es todo. Cuanto más humilde se vuelva, por la gracia, más gracia más se derramará sobre él. Como dice Amma:

Por mucho que llueva, el agua no se queda en el techo de una casa o en la cima de una montaña. Todo el agua fluirá de la montaña a los valles. No conseguiremos nada mientras siga existiendo la sensación de «yo». La gracia fluye dentro de nosotros cuando tenemos la actitud humilde de «yo no soy nada». El egocéntrico no aprovecha las circunstancias favorables que se le ofrecen. Siempre hay que tener la actitud de «no soy nada».

Si la semilla tiene que brotar, debe meterse debajo de la tierra con la actitud de «no soy nada». No puede crecer hasta revelar su verdadera naturaleza como planta si piensa con arrogancia: «¿Por qué voy a inclinarme ante esta tierra sucia?»

Del mismo modo, solo si cultivamos y desarrollamos la humildad, cuando nuestro ego se incline ante el Ser Supremo y su creación viéndolo todo como Él, se desplegará nuestra Verdadera Naturaleza. Aquellos que piensan: «soy grande, soy una persona especial», son en realidad más pequeños que cualquier otro. Siempre intentan proyectar el ego en todas sus acciones. Igual que un globo demasiado hinchado, algún día reventarán.

Las personas realmente grandes son aquellas que se consideran servidoras de Dios y que sirven a todos con sencillez y humildad. La Realidad Suprema está dentro de nosotros, pero no somos conscientes de Ella. Seguimos en el plano mundano de la existencia debido a nuestro ego y por eso no conocemos esa verdad.

Un mahatma no es una persona con un gran ego sino con una gran alma, desprovista de ego.

Diferentes clases de humildad

Una vez, un poderoso rey fue a rezar a una mezquita. Se arrodilló y oró:

—Oh Dios, no soy nadie, solamente el polvo de tus pies.

Después de decir eso, de repente oyó que alguien repetía las mismas palabras en otra parte de la mezquita. El rey se irritó, y gritó:

—¿Quién está diciendo que él no es nadie? Cuando yo digo que no soy nadie, ¿quién más se atreve a decir que él tampoco es nadie?

A continuación, mandó buscar al ofensor que resultó ser un mendigo.

—Recuerda esto —le dijo el rey al mendigo—: cuando un rey está diciendo que él no es nadie, nadie más puede afirmar lo mismo, especialmente tú, un simple mendigo.

A veces hasta la humildad se convierte en una fuente de orgullo.

Se dice que una persona verdaderamente humilde no es ni siquiera consciente de su humildad.

Hace mucho tiempo vivió un santo tan bueno que hasta los dioses bajaban del cielo para verlo. Le pidieron a Dios que le concediera el poder de realizar milagros, a lo que Dios accedió.

—Id y preguntadle qué milagros le gustaría poder realizar —les dijo el Señor a los dioses.

Algunos de esos dioses —que eran muy similares a los dioses de Roma, con todos los defectos de los seres humanos— se acercaron al santo y le preguntaron qué poderes milagrosos le gustaría tener.

—No deseo nada más que la gracia de Dios. Si se tiene su gracia, se tiene todo —respondió el santo.

—Pero tienes que pedir algún don o se te impondrá uno —dijeron los ignorantes dioses.

—Muy bien —respondió el santo—, pues que pueda hacer muchas buenas acciones sin ser consciente de ello.

Los dioses estaban perplejos. Se reunieron y trazaron el siguiente plan. Cada vez que la sombra del santo se posara sobre algún lugar que él no pudiera ver, tendría el poder de curar enfermedades y aliviar el sufrimiento. Y así, allá por donde iba el santo los caminos áridos se volvían verdes, los árboles marchitos florecían, los ríos secos empezaban a fluir y la gente a su alrededor estaba feliz; pero él no sabía nada de todo eso. Simplemente, seguía su vida cotidiana difundiendo virtud igual que la flor exhala su perfume, no siendo consciente de ello.

El esfuerzo y la gracia

Una mañana, un grupo de residentes estábamos sentados en el espacio abierto que había delante de la cabaña del áshram en la que Amma vivía en esa época. Amma se había sentado antes de que yo llegara y estaba meditando. Yo también me senté en silencio. Intenté meditar, pero me di cuenta de que era como intentar controlar un mono borracho. De repente, la mente se aquietó y se concentró. No podía entender lo que había sucedido. Abrí los ojos y vi a Amma sentada meditando a unos siete metros de distancia. Me levanté y entré en la cabaña para descansar. Poco después, Amma entró y me preguntó cómo había ido la meditación. Cuando le comenté lo que había ocurrido, dijo:

—Cuando llegaste y te sentaste cerca de mí, te sentí ahí y dirigí la mente en esa dirección. Adoptó la forma de Brahman y fue hacia ti. Por eso se concentró tu mente.

¿Cómo adopta la mente la forma de Brahman? No tengo la menor idea, pero esas fueron las palabras de Amma.

—Amma, ¿era eso tu gracia?

—¿Por qué lo dudas?

—Porque me gustaría que fuera algo más permanente. ¿Cómo puedo obtener más de esa gracia?

—Hijo, la gracia no es algo que se compra en una tienda. Solo tienes que desearla. Eso es todo.

—¿Tengo que merecerla? —le pregunté.

—No se puede merecer. La gracia no es algo que uno se merece. Simplemente fluye. Sigue haciendo tu *sádhana* y, cuando toque la mente de Amma, la gracia fluirá hacia ti. Eso es todo.

Tal vez algunos devotos pueden pensar: «hoy he meditado diez minutos, así que debería recibir al menos cinco segundos de gracia». La búsqueda de la gracia no es como un trato de negocios. Tenemos que esforzarnos por obtenerla, pero puede parecer que no la estamos recibiendo, incluso después de una vida entera. Aun así, tenemos que cumplir nuestro deber y esperar.

Algunos pueden pensar: «Esa persona casi no hizo sádhana y, sin embargo, obtuvo la gracia de Dios y se convirtió en santo de la noche a la mañana, así sin más». Si vemos un alma extraordinaria como esa, es porque ha hecho un gran *tapas* en sus vidas anteriores.

En el Norte de la India hay muchas antiguas mansiones construidas en la época de la ocupación británica, hace cientos de años. Un día, un jardinero y su equipo estaban limpiando el terreno de una de ellas, quitando todas las malas hierbas y el resto de la maleza. De repente, la azada del jardinero golpeó algo sólido y un chorro de agua se elevó por el aire. Todos se sorprendieron y gritaron:

—Eh, ¿de dónde sale eso?

Buscando, desenterraron una fuente que había estado cubierta durante siglos por las plantas. Del mismo modo, si vemos u oímos hablar de alguien que ha alcanzado un alto estado espiritual con poco o ningún esfuerzo, no se debe a ninguna gracia especial sino a que sus intensos esfuerzos de otra vida están dando fruto ahora.

Una vez, un pajarito puso un huevo en la orilla del mar. Por supuesto, las olas se llevaron el huevo rápidamente. El pobre pajarito se sintió muy molesto y enojado y, para secar el mar y recuperar el huevo, empezó a mojar sus alas en el mar y sacudirlas sobre la tierra. Estuvo haciéndolo mucho tiempo. Por fin, el rey celestial de las aves, Gáruda, fue a ver lo que pasaba con su pequeño devoto.

—¿Qué estás haciendo? —le preguntó al pajarito.

Al oír el problema, el corazón de Gáruda se derritió de compasión por el aprieto en que se encontraba el pajarito. Empezó a batir las alas y, como era muy poderoso, creó grandes olas que agitaron el mar y sus criaturas. Por fin, el dios del mar llegó y preguntó:

—¿Qué es lo que pasa, Señor?

—Te llevaste el huevo de este pajarito —dijo Gáruda.

—¿De verdad? Pues ni me di cuenta.

—Devuélvelo o no voy a dejar de aletear hasta que te quedes seco.

Así que el mar busco a su alrededor, encontró el huevo y se lo devolvió al pajarito.

Es una historia de las *úpanishads*. Describe cómo funciona la gracia. Aunque la tarea de someter la mente y experimentar el Ser parezca imposible en nuestro actual estado de identificación con el cuerpo y la mente, nuestros intensos esfuerzos acabarán llegando al corazón de nuestro guru y la gracia fluirá, eliminando todas las huellas de Maya y elevándonos a nuestra Verdadera Naturaleza. Tenemos que hacer el esfuerzo y, después, esperar. El guru sabe cuál es su responsabilidad.

CAPÍTULO CUATRO

Contacto con Brahman

Durante el siglo IX, en Persia, vivió un místico sufí que se llamaba Mansur Al Hallaj. Se le considera la figura más controvertida en la historia de la mística islámica, y el prototipo de amante embriagado de Dios. Cuando se encontraba en un estado divino, afirmaba: «Anna al Haqq», que significa: «Yo soy la Verdad». A veces exclamaba: «Mi turbante no envuelve nada aparte de Dios. En mi manto no hay nada aparte de Dios. Yo soy Aquél a quien amo, y Aquel a quien amo es yo. Somos dos espíritus viviendo en un solo cuerpo. Si me ves a mí, Lo ves a Él y, si Lo ves a Él, nos ves a los dos». Los musulmanes no sufíes y también algunos sufíes consideraban que decir «yo soy la Verdad» era una blasfemia. Dios es la única Verdad. ¿Cómo puede alguien ser la Verdad? En aquellos días y en aquel lugar, a la gente que vivía con él le parecía que era una barbaridad decir eso. Esa clase de afirmaciones místicas le llevaron a un largo juicio y a su posterior encarcelamiento y tortura durante once años en una cárcel de Bagdad, tras lo cual fue ejecutado. ¡Lástima que no hubiera nacido en la India, donde se venera a esa clase de personas como mahatmas!

Él había conocido el Ser, el Atman. Había experimentado claramente que el cuerpo no era su Ser. Cuando unos devotos le dijeron a Shri Ramakrishna, el gran santo de Calcuta del siglo XIX, que unos ignorantes aldeanos habían torturado y matado a un yogui en el pueblo de al lado, él dijo:

El cuerpo nace y muere; pero para el alma no hay muerte. Es como la nuez de areca. Cuando está madura, no se pega a la cáscara; pero, cuando está verde, es difícil despegarla de la cáscara. Cuando se ha conocido a Dios, uno deja de identificarse con el cuerpo. Entonces, se sabe que el cuerpo y el alma son dos cosas diferentes.

El Evangelio de Shri Ramakrishna

Mansur Al Hallaj se parece mucho a Jesús. Antes de Jesús probablemente nadie que viviera en Israel había alcanzado el estado supremamente santo de conciencia de Dios. Sin la menor vacilación, Jesús afirmó: «Mi Padre y yo somos uno. Si me conocéis a mí, conocéis también a mi Padre. Desde ahora Le conocéis y Le habéis visto. Yo soy el camino, la verdad y la vida». A él también lo mataron personas espiritualmente ignorantes.

Esos sabios sintieron su unidad con la Realidad Absoluta. ¡Qué lejos estamos de poder imaginarlo! Que somos Eso, que somos inmortales y eternos. En realidad, hasta la estrella más lejana del universo está dentro de nosotros, no fuera de nosotros. Esa es la experiencia de Amma tal como la expresa en su canción *Ananda Vithiyil*:

La Madre (Devi) me dijo que le pidiera a la gente que cumpliera el objetivo de su nacimiento humano. Mi mente floreció, bañada en la luz multicolor de la Divinidad.

Desde ese día, he sido incapaz de percibir nada como diferente o separado de mi Ser interior. Todo es una sola Unidad.

Esa es la experiencia a la que debemos aspirar. Eso es lo que Amma está intentando inspirarnos con el ejemplo de su vida. Aunque nos lleve mucho tiempo, merece la pena. La Bhágavad Guita dice:

> Cuando el pensamiento está quieto, controlado por la práctica de yoga; cuando viendo el Ser con el ser está satisfecho en su propio Ser; cuando conoce esa Dicha Infinita que, trascendiendo los sentidos, la razón puede aprehender; cuando, firme en el Ser, nunca se aparta de la Realidad; cuando, habiéndolo obtenido, no piensa que haya otra adquisición superior; cuando, instalado allí, no lo perturba ni un gran dolor; debes saber que a esa separación de la unión con el dolor se la llama la unión (yoga). Hay que practicar ese yoga con determinación y con un corazón animoso.
>
> Capítulo 6, estrofas 20-23

Realmente, no hay nada más valioso que el conocimiento de Dios. No hay otros fines más elevados. Si pudiéramos tan solo vislumbrar a Dios, que es nuestra Verdadera Naturaleza, entenderíamos que todos los placeres y las alegrías que experimentamos solo son un tenue reflejo de Eso. De alguna manera lo hemos olvidado por completo; nos hemos apartado de eso y nos hemos convertido en almas extrovertidas, limitadas por la conciencia del cuerpo.

La singularidad de la India

En 1987, Amma fue a los Estados Unidos por primera vez. La mañana después de su llegada, fui a su habitación para ver cómo se sentía después de un viaje tan largo. Además tenía algo en mente que quería preguntarle:

—Amma, las antiguas escrituras indias, como el *Shrímad Bhágavatam,* dicen que uno nace en la India debido a un gran mérito (*púnyam*). Pero después de llegar aquí, cuando comparo la vida del hombre medio aquí y en la India, parece que las personas sufren mucho más allí. Entonces, ¿cuál es el significado de esa afirmación?

No me esperaba la respuesta que me dio.

—Hijo, es cierto que en la vida de una persona media de la India hay más sufrimiento que en la de la gente de aquí; pero quien ha nacido en la India conoce la filosofía del *sanátana dharma*, que nos enseña que el objetivo último de la vida humana es el Autoconocimiento, la Liberación del aparentemente interminable ciclo del nacimiento y la muerte, el *samsara*. De hecho, los conceptos de «samsara» y «Liberación» son exclusivos de la India. Si los encuentras en otros países, puedes estar seguro de que se originaron en la India en un pasado remoto. Durante miles de años, han nacido innumerables mahatmas en la India e innumerables devotos han recorrido el camino que conduce a la Liberación. Esas vibraciones saturan todavía hoy la atmósfera. Podemos sintonizarnos con ellas si vivimos con devoción y disciplina. Eso no ocurre fuera de la India.

Cuando olvidamos las verdades espirituales más elevadas y vivimos de una manera completamente materialista, el mundo parece muy real y Dios, o el Ser, parece totalmente irreal; pero en el abrazo de Amma muchos afortunados sienten un minúsculo reflejo de Eso. Ese abrazo pone a innumerables almas en el camino hacia la Liberación, el estado más allá del dolor.

El Señor Krishna dice: «A esta separación de la unión con el dolor se la llama "yoga". Hay que practicar ese yoga con determinación y con un corazón animoso».

Si queremos eliminar para siempre todas las clases de dolor —físico, mental y emocional, cualquier forma imaginable de dolor—, la única forma de conseguirlo es alcanzando el estado de yoga. Yoga significa unión. ¿Unión con qué? Con nuestro propio Ser. Por ahora el cuerpo y la mente ocupan el lugar de nuestro Ser. Estamos divorciados de nuestra verdadera naturaleza. Creemos que el cuerpo es «yo», que la personalidad o el ego es «yo». Esa es una situación dolorosa, y por eso hacemos todo lo que podemos para deshacernos de ese dolor. La búsqueda del placer es un esfuerzo por olvidar el dolor de la individualidad, de nuestro pequeño ser falso. Nos gusta tanto dormir porque de ese modo podemos olvidar por completo durante un buen rato nuestro pequeño ser. La experiencia directa del Ser es el final del dolor.

Tenemos que hacer con determinación y con un corazón animoso las prácticas que nos ayudan a conseguirlo. ¿Por qué dice Krishna «con un corazón animoso»? Normalmente, actuamos para cumplir nuestros deseos; pero, al intentar alcanzar la experiencia del Ser, nos damos cuenta de que los deseos arrastran la mente y los sentidos en la dirección opuesta. Intentamos calmar la mente para entrar dentro de nosotros y llegar a su fuente; pero, a pesar de querer conseguirlo, la energía de los deseos anteriores mantiene la mente en un estado constante de agitación y exteriorización. Es como intentar hundir un corcho en el agua, o sea, algo casi imposible. Si lo intentamos durante mucho tiempo, esa lucha puede provocar frustración o depresión; pero el verdadero aspirante no se da por vencido. ¿Cómo podría? En el caso de los devotos de Amma, ellos han experimentado algo que va más allá del placer sensorial. Han tocado las capas superiores del Ser, al menos durante un momento, debido a la fuerza espiritual que emana de ella. La mayoría de ellos no pueden olvidar esa sensación de pureza, inocencia y simple paz.

Por eso, el Señor Krishna nos dice en la Guita:

> Que abandone sin reservas todos los deseos nacidos de
> la fantasía, controle con la mente todos los sentidos en

todas las direcciones y se retire poco a poco por medio de la razón firmemente sostenida.

Cuando la mente agitada e inconstante vagabundee por cualquier causa, que la refrene y la haga volver bajo el control directo del Ser.

La Dicha Suprema le llega, en verdad, a ese yoguin cuya mente está bastante tranquila, cuya pasión está aquietada, que se ha convertido en Brahman, que no tiene mancha alguna.

Manteniendo de ese modo firme su ser, el yoguin, liberado del pecado, logra fácilmente la dicha infinita del contacto con el Brahman Supremo.

Capítulo 6, estrofas 25-28

Nos recuerda que los deseos son «nacidos de la fantasía». Eso significa que si analizamos nuestros deseos encontraremos muy poco contenido en ellos. Nos imaginamos que vamos a ser felices al satisfacer nuestros deseos, y durante un tiempo disfrutamos de un poco de placer; pero luego se evapora, y aparece otro deseo en su lugar, y otra vez nos esforzamos por satisfacer ese deseo, y eso sigue pasando hasta la muerte. Siempre pensamos: «si consigo eso, si hago eso, si voy ahí, voy a ser feliz»; pero esa felicidad no solo no dura, sino que incluso podemos llegar a sentirnos fatal.

La felicidad y el placer son dos cosas diferentes

Lo que realmente le estamos pidiendo al mundo es placer; pero la felicidad y el placer son dos cosas diferentes. Debido a la falta de reflexión, suponemos que el placer *es lo mismo que* la felicidad y creemos que si conseguimos tener una corriente constante de placeres seremos siempre felices.

Sin embargo, por mucho que lo intentemos es imposible disfrutar de placeres constantemente, ya que el placer es limitado por naturaleza. Nuestros órganos sensoriales se cansan y se hastían por el uso excesivo y lo mismo le ocurre a la mente. Además, lo que en un momento nos da placer, en otro nos produce dolor. Por mucho que podamos disfrutar de los placeres, al final lo que queremos es apartar la mente de todo y dormirnos, disfrutando así de una felicidad que no esté contaminada por el mundo y los sentidos. Esa es la felicidad innata de nuestro Ser, aunque está cubierta en su mayor parte por la oscuridad de la ignorancia. Con los medios adecuados, podemos experimentar claramente la felicidad del Ser para siempre, incluso estando despiertos.

Refrenar poco a poco

No te excedas al intentar controlar la mente porque, si lo haces, puedes llegar a deprimirte y a desilusionarte. Hay que hacerlo poco a poco. Hasta los coches informatizados de hoy en día hay que ir poniéndolos en marcha lentamente porque se puede dañar el motor. Los expertos dicen que hay que «evitar las velocidades altas, las carreras de aceleración o llevar remolques pesados en los primeros 1500 km». Del mismo modo, si se van a levantar pesas por primera vez y son demasiado pesadas, puede dar un tirón muscular o algo peor. Pero si se van fortaleciendo los músculos lenta y gradualmente, no hay problemas. La mente también es una especie de músculo. «Morder más de lo que se puede masticar» puede causar una indigestión mental y emocional. Al final, uno se desanima, se deprime y hasta puede dejar la vida espiritual. Aunque el objetivo del control de la mente es mantener ésta siempre inmóvil en el pensamiento de Dios o del Ser, para ello hace falta por lo menos hacer práctica durante una vida entera. Con el tiempo se convierte en algo fácil y natural, como montar un caballo obediente.

En la mitología griega encontramos una historia que ilustra este principio. El héroe mítico Milón de Crotona se convirtió en el hombre más fuerte del mundo levantando y cargando todos los días a través de su pueblo un ternero hasta que se convirtió en un toro adulto. Milón se fue haciendo más fuerte mientras seguía cargando el ternero que iba aumentando lentamente de tamaño y de peso. Como empezó cuando era un ternero y lo siguió cargando mientras el animal crecía poco a poco, su cuerpo fue capaz de irse adaptando a la carga. De igual manera, aumentando lentamente el tiempo de práctica espiritual, podemos llegar cómodamente a una etapa en la que constantemente estemos en un estado mental espiritual.

Introspección

El Señor Krishna dice: «Cuando la mente agitada e inconstante vagabundee por cualquier causa, que la refrene y la haga volver bajo el control directo del Ser». Esa idea es muy importante. Cuando llegamos a la conclusión de que nuestra meta es apaciguar nuestros pensamientos, tenemos que adquirir gradualmente una naturaleza introspectiva. Por lo general, no hacemos eso. Miramos otras cosas y otras personas y pensamos en ellas, pero no en nosotros mismos. Tenemos que observar la mente y ver qué es lo que la está distrayendo tanto que no nos podemos concentrar, que no podemos estar tranquilos. Básicamente, es la tendencia a dejarnos arrastrar hacia afuera por los sentidos. Como dice el Señor Krishna:

> La persona inestable no puede tener sabiduría, ni tampoco podrá meditar, y para quien no medita no hay paz. Y, sin paz, ¿cómo puede haber felicidad?

Porque la mente que se somete a los errantes sentidos deja que se lleven su conocimiento, igual que el viento (se lleva) un barco sobre las aguas.

Por eso, ¡oh Árjuna de fuertes brazos!, el que posee conocimiento estable es aquel cuyos sentidos se han contenido completamente en relación con los objetos sensibles.

Bhágavad Guita, capítulo 2, estrofas 66-68

Al principio eso nos puede parecer una tarea imposible, pero hay que realizarla. Poco a poco iremos entendiendo cómo hemos llegado a estar tan agitados, cómo hemos llegado a estar tan distraídos. Utilizando la fuerza de la introspección, debemos llevar la inquieta mente una y otra vez de vuelta al objeto de concentración. Eso también aumentará nuestra fuerza de voluntad, de la que muchos carecemos.

Liberarse de todas las negatividades

Gracias a la meditación no solo se consigue una mente tranquila, sino también algo que es más importante: la experiencia de «la dicha infinita del contacto con el Brahman Supremo». Cuando la Guita habla de liberarse del pecado, quiere decir liberarse de los efectos de los pensamientos, las palabras y las obras que nos impiden experimentar ese estado de contacto con la dicha de Brahman. Cuando nos hayamos liberado de las manchas y de todas las negatividades mediante la sádhana, mediante tapas, experimentaremos en nuestro interior el infinitamente dichoso contacto con Dios. Por «Dios» entendemos la fuente misma de la mente y la Creación, que nos ha sido ocultada por los karmas negativos del pasado. Esa experiencia nos hará perfectos.

Jesús dice algo muy parecido:

Oísteis que se dijo: «Amarás a tu prójimo y aborrecerás a tu enemigo». Pero yo os digo: Amad a vuestros enemigos y orad por los que os persiguen, para que podáis ser hijos de vuestro Padre que está en los cielos, que hace salir su Sol sobre malos y buenos, y que hace llover sobre justos e injustos. Porque si amáis a los que os aman, ¿qué recompensa tendréis? ¿No hacen también lo mismo los publicanos? Y si solo saludáis a vuestros hermanos, ¿qué hacéis mejor que los demás? ¿No hacen eso también los gentiles? Por eso, tenéis que ser perfectos, como es perfecto vuestro Padre que está en los cielos.

Mateo 5:43-48

Curiosamente, sus palabras reflejan perfectamente el ejemplo y las enseñanzas de Amma sobre el amor universal.

Hasta un único momento de contacto con Brahman quema el karma de innumerables nacimientos. Aunque solo hayamos tenido el más mínimo vislumbre de Eso, no lo olvidaremos durante el resto de nuestra existencia: tal es la intensidad de la Dicha Divina.

El poder de Maya

Amma dice:

Maya, el gran Poder de la Ilusión, no nos deja progresar espiritualmente. Pasamos los días en la conciencia del cuerpo con el corazón lleno de tristeza. Qué lástima que las tentaciones ilusorias del demonio del deseo nos envíen al oscuro abismo de Maya, convirtiéndonos en el alimento del dios de la muerte. Si te agarra, ¡ay de ti!, porque perderás el alma. Todas las preocupaciones se terminarán con solo renunciar a tus deseos y poner tus esperanzas exclusivamente en Dios.

¿Qué es esta Maya? Todos nosotros estamos inmersos en Maya todo el tiempo, aunque ni siquiera nos demos cuenta. Somos como peces en el fondo del mar, inconscientes del inmenso océano que tiene encima y de la tierra y el cielo que hay más allá de aquel.

Una vez, alguien me dijo:

—El otro día, Maya me agarró y mis *vásanas* se activaron.

—¿Hay algún momento en el que Maya no nos tenga agarrados? —le pregunté— ¿Hay algún momento en el que nuestras vásanas no estén activas? Tal vez lo que quieres decir es que reconociste algunas de tus vásanas más fuertes, ya que solamente cuando estás en samadhi las vásanas dejan de estar activas. Ahí no hay Maya.

Tenemos que entender la gravedad de nuestra situación. Siempre estamos bajo el hechizo de Maya. Nuestras vásanas siempre están presentes. Nunca se ausentan, ni un instante. Cuando dormimos, están en nuestros sueños. Durante el sueño profundo están en un estado potencial, a la espera de activarse cuanto nos despertemos. Maya nos hace olvidar nuestra verdadera naturaleza e identificarnos con algo equivocado: el cuerpo. Nos vuelve extrovertidos, lo que puede ser bueno para la vida mundana, pero no si estamos intentando ir más allá de Maya. Tenemos que mirar hacia adentro, hacia nuestro Ser, no en dirección contraria.

Como dice Amma: «nos hace perseguir tentaciones ilusorias que nos envían al abismo de Maya, convirtiéndonos en el alimento del dios de la muerte».

Hay un mantra de los Vedas que dice:

¡Llévame de lo irreal a lo Real, llévame de la oscuridad a la Luz, llévame de la muerte a la Inmortalidad!

Brihadarányaka Úpanishad, 1.3.28

Ese es nuestro estado en este momento. Estamos en la oscuridad de Maya. No vemos la luz de Dios. No sentimos nuestra inmortalidad. Sabemos que vamos a morir. Sin embargo, Amma dice que *podemos* experimentar nuestra inmortalidad e ir más allá de la muerte; pero no será posible mientras nos dejemos engañar por Maya. Maya nos hace ver solo el lado agradable de las cosas, nunca el aspecto doloroso. Si vemos el aspecto doloroso de una cosa, es un signo de gracia. El placer nos engañará siempre si estamos intentando ir más allá de Maya. Eso no quiere decir que el placer no exista; el placer está ahí, es muy real. Pero es el dolor lo que nos obliga a ir más allá de Maya en busca de refugio en nuestras profundidades, en Dios. Nos hace buscar una salida de nuestra aparentemente eterna esclavitud en lugar de dedicarnos a cuestiones mundanas.

El león y la valla

Un león fue capturado y arrojado a un recinto cerrado donde, para su sorpresa, encontró otros leones que llevaban años allí, algunos de ellos toda su vida, ya que habían nacido allí. Pronto se familiarizó con las actividades sociales de los leones del campamento. Tenían distintos grupos. Uno estaba compuesto por aquellos a los que les gustaba la vida social. Otro por aquellos a los que les gustaba el mundo del espectáculo. Otro era el grupo cultural ya que su objetivo era conservar cuidadosamente las costumbres, las tradiciones y la historia de los tiempos en que los leones eran libres. Otros grupos eran religiosos y se reunían sobre todo para cantar conmovedoras canciones sobre una jungla futura en la que no habría vallas. Algunos grupos atraían a aquellos que tenían una naturaleza artística o literaria. Otros eran revolucionarios y se reunían para conspirar contra los cazadores o contra otros grupos revolucionarios. De vez en cuando se desataba una revolución y un determinado grupo era eliminado por otro, o se mataba a todos los guardias, que eran sustituidos por otros.

Al mirar a su alrededor, el recién llegado vio un león que parecía estar siempre pensando profundamente, un solitario que no pertenecía a ningún grupo y que generalmente se mantenía apartado de los demás. Había algo extraño en él que provocaba la admiración y la hostilidad de todos, ya que su presencia suscitaba temor y duda. Ese león le dijo al recién llegado:

—No te unas a ningún grupo. Esos pobres tontos están ocupados con todo excepto con lo que es esencial.

—¿Y qué es eso? —le preguntó el recién llegado.

—El estudio de la naturaleza de la valla.

Las apariencias pueden engañar

¡Qué fácilmente nos dejamos engañar por las apariencias exteriores, por la belleza física! Cuando vemos a alguien guapo o apuesto, pensamos automáticamente que debe de ser una buena persona. En realidad, puede que no lo sea, en absoluto. La persona más guapa o apuesta puede ser un demonio por dentro. La persona más fea o normalita puede ser un ángel por dentro. No lo podemos saber: a diferencia de Amma, no podemos ver la mente y el corazón de los demás.

Buda fue un ser muy poderoso. Entre sus seguidores había miles de personas que estaban inspiradas por el espíritu de la renuncia. Una vez, durante sus desplazamientos, al llegar a un pueblo la población local lo llevó a un lugar donde se habían reunido muchos de sus admiradores para oír su palabra. Durante un buen rato no dijo nada. Por último, alguien de la multitud le preguntó:

—¿Qué pasa, Suámiji? ¿Por qué no empiezas el *sátsang*?

—Estoy esperando a alguien —contestó.

Había ricos y eruditos, profesionales y funcionarios del gobierno, estaban todos los peces gordos de la zona.

—¿A quién esperas? Ya estamos todos aquí. ¿Quién falta? —le preguntó.

Finalmente, llegó una pastorcilla vestida con harapos que se quedó al borde de la multitud.

—Ya puedo empezar. Ya ha llegado —dijo el Buda.

—¿Estabas esperando a esta chica? Ni siquiera sabíamos que existiera.

—Ella es la única persona receptiva de este pueblo. Me ha estado llamando. Está sedienta de una vida de dharma. Me ha estado rezando, porque sabía que yo iba a venir. Podía sentir su oración hasta en el pueblo de al lado. He oído su oración y por eso he venido aquí. He venido solo por ella, no por vosotros.

Hemos visto reaccionar a Amma de la misma manera ante aquellos que anhelaban su presencia. Muchas personas han tenido esa experiencia. Alguien está en la multitud llamando a Amma, y ella los busca inmediatamente con la mirada y les hace una señal subiendo las cejas o les sonríe. Esa es una «llamada local»; pero también hay «llamadas de larga distancia».

Una vez Amma fue a una ciudad a visitar a unos devotos. En medio de la visita, se levantó, salió por la puerta y se puso a caminar atravesando un campo cercano. Caminó durante aproximadamente un kilómetro y medio y los devotos que la acompañaban empezaron a preguntarse adónde iría. Finalmente, llegó a una casa en la que había tres mujeres francesas que estaban estudiando en un instituto cercano *kathakali*, una antigua técnica de actuación exclusiva de Kérala. Habían ido varias veces a ver a Amma al áshram de Ámritapuri y sabían que estaba visitando a unos devotos de la aldea, pero, por alguna razón, no podían ir a verla, por lo que estaban sentadas en su casa haciendo puja a la foto de Amma y llorando a lágrima viva. Rezaban:

—Oh, Amma, ¿hay alguna manera de que podamos verte? ¿No podrías venir tú a vernos?

Sabían, por supuesto, que eso era imposible. Justo entonces, Amma entró por la puerta. Esa fue una llamada de larga distancia. A diferencia de nosotros, Amma sí que conoce el corazón de las personas.

La historia del rey Midas

Algunas personas piensan que el dinero lo es todo. Trabajan día y noche para ganarlo. Piensan que si tienen más dinero serán más felices, pero a veces las personas ricas se sienten desdichadas y las pobres son felices. Todo esto se debe poder ilusorio de Maya.

Hace mucho tiempo, había un rey que se llamaba Midas. Le gustaba tanto el oro que tenía toneladas de ese metal en una habitación debajo de su palacio, y todos los días iba allí y exclamaba: «¡Qué maravilla!». Se emocionaba solo con su contacto, su sonido y su aspecto.

Midas tenía una hija pequeña muy bonita y dulce que lo era todo para él. Le puso de nombre «Caléndula», porque a ella le encantaban estas flores.

Un día, mientras estaba admirando su tesoro, oyó un ruido en la habitación. Se volvió y vio a un hombre enorme con una túnica blanca que estaba ahí de pie con expresión de desaprobación en el rostro.

—Midas, tú tienes una gran cantidad de oro, ¿verdad?

—Sí, es verdad que tengo un montón de oro; pero mira cuánto oro hay en el mundo. Hay mucho más de lo que yo tengo.

—¿Quieres decir que no estás satisfecho con todo esto? —dijo el hombre— ¿Tienes toneladas de oro y aun así no te sientes satisfecho? —le preguntó.

—¿Satisfecho? ¿Cómo puedo llegar a estar satisfecho nunca? Por mucho oro que tuviera nunca estaría satisfecho —dijo el rey.

—¡Increíble! Pues yo puedo conceder deseos. ¿Tienes algún deseo que te gustaría satisfacer? —preguntó el hombre.

Sin dudarlo ni un instante, el rey respondió:

—Sí, quiero que todo lo que toque se convierta en oro.

—¿Estás seguro de que realmente quieres eso? —le preguntó el hombre.

—Por supuesto, me encantaría. ¡Me volvería superfeliz!

—Está bien. Desde mañana por la mañana, cuando salgan los rayos del Sol, cualquier cosa que toques se convertirá en oro.

Después, ¡puf!, desapareció. Midas se fue a dormir pensando: «¡Sorprendente! Debo de haber tenido un sueño o algo parecido. ¿Qué es lo que acaba de ocurrir?». Y se fue a dormir.

Al despertarse por la mañana tocó la manta ligeramente para ver si todo había sido un sueño y, efectivamente, la manta no se convirtió en oro; pero era porque los rayos del Sol todavía no habían salido por el horizonte. Cuando lo hicieron, sus manos se deslizaron por la manta, ¡y esta se volvió de oro! El rey gritó:

—¡Eh! ¡Mirad, mirad, funciona!

Se levantó de un salto y se puso a correr por la habitación tocándolo todo, y todo se volvía de oro. Estaba entusiasmado. Miró el jardín y pensó en volver de oro todas las flores para complacer a su hija. Se dijo: «¡Si hago que todas las flores se vuelvan de oro se va a poner contentísima!». Así que bajó y tocó todas las flores.

Cuando volvió a su habitación, vio el libro que había estado leyendo la noche anterior y lo cogió para leerlo. ¡Huy! También se volvió de oro. Se dijo: «¡Oh, no, no voy a poder leer más ese libro! Bueno, no importa, es mejor que sea de oro».

Después le entró hambre y le pidió al criado su desayuno habitual de café, bollos y una pieza de fruta, pero todo lo que intentaba comer se convertía en oro.

—¡Vaya! ¿Cómo voy a tomar el desayuno?

Hasta el vaso de agua se había vuelto de oro macizo.

La situación se estaba complicando mucho. No sabía qué hacer. «¿Qué voy a hacer ahora? ¿Me voy a morir de hambre? No puedo comer oro».

Mientras estaba sentado allí llorando, Caléndula entró con unas flores de oro en las manos.

—Papá, ¿qué les ha pasado a mis hermosas flores? Ya no huelen. Ya no crecen. Ya no se mueven. Están tiesas.

—¡Oh! Hija mía, pensaba que te gustarían mucho más así.

—¡Yo quiero una cosa viva; no quiero un trozo muerto de oro! —gritó. Al ver que su padre estaba muy triste, se le acercó y le dio un gran abrazo, diciéndole:

—Papá, ¿qué pas…?

La «a» no salió de su boca, porque se había vuelto de oro: se había convertido en una estatua de oro. Eso ya fue demasiado para el rey. Cayó al suelo llorando y llorando, lamentando su destino. Entonces oyó una voz:

—¿Eres feliz, rey Midas? Obtuviste tu deseo de que todo lo que tocaras se volviera de oro.

—Soy el hombre más desdichado de la tierra. Por favor, devuélveme a mi hija. Ya no quiero este oro. Si pudiera volver a la normalidad, lo daría todo.

La voz dijo:

—Ve al río, date un baño y trae una jarra de esa agua. Solo tienes que poner unas gotas de agua sobre todo lo que quieras que deje de ser de oro.

Después de que todo volviera a la normalidad, el rey Midas nunca más quiso volver a ver oro. Lo único dorado que le gustó desde entonces fue el brillo del Sol y los cabellos rubios de su hija.

No hay que dejarse engañar por las apariencias. A la mayoría de la gente le puede parecer que el dinero es una fuente de felicidad. La belleza también puede parecerlo. Ciertamente tienen su utilidad, pero no son tan valiosos como nuestro verdadero Ser. Algún día descubriremos que lo más satisfactorio es la dicha infinita del contacto con Brahman. Ese Brahman es nuestra Amma, nuestro propio Ser.

CAPÍTULO CINCO

El guru es imprescindible

A mma dice:

El guru es indispensable para el aspirante espiritual. Si un niño pasa cerca del borde de un estanque, la madre le hará notar el peligro y se lo llevará de ahí. De igual modo, el guru dará las instrucciones adecuadas a sus discípulos cuando sea necesario. Siempre tendrá puesta la atención en ellos.

Este es el punto de vista tradicional que se ha mantenido en la India durante miles de años.

Todos los que llegaron al Autoconocimiento en el pasado tenían maestros espirituales, con muy pocas excepciones. Esas excepciones eran personas que ya nacieron perfectas o que habían hecho tanta sádhana en sus vidas anteriores bajo la guía de un guru que en su vida actual tenían que hacer muy poca para alcanzar el Conocimiento final. Para esos grandes seres, el Guru Eterno o Dios brillaba como la luz interior de su conciencia y los guiaba durante el resto del camino. No podemos compararnos con ellos. Para nosotros, un guru es imprescindible.

La historia de Namdev

Hubo un gran santo llamado Namdev que vivió en Maharashtra, en la India, hace setecientos años. No era un devoto corriente. Ya desde su infancia había sido capaz de ver delante de él al Señor

Vishnu, a quien llamaba Vithoba. Jugaba con él como un niño con su amigo. Finalmente, el Señor pensó que había llegado el momento en que Namdev debía pasar a la siguiente etapa de la sádhana, en la que vería y sentiría la presencia de Dios dentro de su mente como la luz de la conciencia y fuera de ella como todo lo que existe en la Creación. Le dijo a Namdev que fuera a una reunión en un lugar llamado Terdoki, donde llegarían pronto muchos mahatmas para una fiesta anual.

Muchos ilustres santos de la época, como Jnanadev, Nivrútti-nath, Sopanadev, Muktabai y Chokhamela se habían congregado en la casa de Gora Kúmbhar, un santo que era alfarero. Cuando el grupo de grandes mahatmas se hubo sentado, Jnanadev le pidió a Gora que utilizara sus conocimientos sobre la calidad de la cocción de las vasijas para averiguar cuáles de los santos reunidos estaban debidamente «cocidos». Entonces Gora tomó su palillo de probar vasijas y fue golpeando suavemente a cada uno de los santos en la cabeza como para comprobar su grado de madurez espiritual. Todos los santos accedieron sumisamente; pero, cuando llegó a Namdev, este protestó y se levantó enojado. Al verlo, todos se echaron a reír. Gora declaró que Namdev no estaba bien cocido, que todavía estaba inmaduro espiritualmente. Namdev se sintió confuso y humillado y se fue corriendo al templo a ver a su amado Vithoba. Tras oír sus quejas, Vithoba le dijo que los santos sabían qué era lo mejor para cada uno. Esa inesperada respuesta le molestó aún más a Namdev.

—Tú eres Dios —dijo—. Yo charlo y juego contigo. ¿Pueden conseguir los seres humanos algo más que eso?

—Los santos lo saben —insistió Vithoba.

—Dime si hay algo más real que Tú —respondió Namdev.

—Tenemos tanta familiaridad el uno con el otro que mi consejo no tendrá el efecto deseado. Busca al santo mendigo

Vishoba Kechar en el bosque y conoce la Verdad —replicó Vithoba pacientemente.

Como le había pedido Vithoba, Namdev buscó a regañadientes a Vishoba Kéchar, pero la santidad de este hombre no le impresionó mucho, porque estaba desnudo, sucio y tumbado en el suelo de un templo con los pies apoyados en un Shivalinga. Namdev se preguntó cómo un hombre así podía ser un santo. El santo, sin embargo, le sonrió a Namdev* y le preguntó:

—¿Te ha enviado Vithoba?

Eso le asombró mucho a Namdev, que ahora sí que empezaba a creer que el hombre era un santo. Namdev le preguntó:

—Se dice que eres un santo. Entonces, ¿por qué profanas el linga?

—Es verdad —respondió el santo—, soy demasiado viejo y débil para hacer lo que es correcto. Por favor, levántame los pies y ponlos donde no haya ningún linga.

Así que Namdev le levantó los pies al santo se y los puso en otro lugar, pero otro linga apareció debajo de ellos. Dondequiera que apoyara los pies del mahatma, debajo aparecía un linga. Exasperado, finalmente Namdev colocó los pies en su propio regazo y, a causa de ello, experimentó el estado de samadhi. Entonces entendió que Dios estaba presente en todo y, habiendo aprendido esa verdad, se postró ante su recién encontrado guru y se marchó.

Se fue a su casa y no volvió al templo durante varios días. Entonces Vithoba le visitó en su casa y le preguntó por qué no iba al templo a verlo. Namdev le preguntó:

—¿Hay algún lugar donde Tú no estés?

Sin la gracia de un guru, Namdev no habría comprendido esa verdad.

Namdev se dirigió una vez más a la casa de Gora. Quería postrarse ante todos los mahatmas y pedirles perdón, pero, en cuanto entró en la casa, todos los santos se levantaron y dijeron:

—¡Mirad! Aquí llega Namdev, ¡y ahora tiene un guru!

Todos ellos le abrazaron y le dieron la bienvenida al sátsang.

Los discípulos no pueden ser conscientes de todos los obstáculos que tienen en la mente. Maya, el poder universal que mantiene al individuo en un estado de ignorancia sobre su verdadera naturaleza, es inescrutable. Solamente alguien que ha trascendido Maya mediante el Autoconocimiento intuye su naturaleza. Solo un mahatma así sabe guiar al alma ignorante hacia el estado que está más allá de Maya. Solo la persona que ha escalado la montaña y ha llegado hasta la cumbre puede entender las complejidades de la ruta que va por la parte de abajo.

Escalando Arunáchala

Un día me entraron ganas de subir a la cima del monte Arunáchala, donde vivía en aquel momento y que tiene algo más de quinientos metros de altura. Parecía bastante fácil: solo tenía que seguir el camino más corto. El problema es que, si se hace eso, se llega a un punto en el que ya no se puede seguir y hay que desandar todo el camino hasta el punto de partida, probablemente medio muerto de agotamiento y de sed. Había hablado con algunas personas que habían cometido ese error y, por eso, decidí seguir el consejo tradicional de ir por el camino que utilizan los devotos durante la fiesta anual del Kartik Deepam. Durante ese evento, ponen un enorme caldero en la cima de la montaña, lo llenan de ghi y encienden una mecha. La llama representa la luz de la sabiduría que disipa las tinieblas de la ignorancia que está presente en todos los seres creados. Se ve a muchos kilómetros a la redonda. Cientos de miles de devotos se congregan allí para verlo. Amma lo visitó tres veces durante mis primeros años con ella en Ámritapuri.

Lo curioso es que si se observa la colina y se sigue con la mirada el camino por el que van los devotos, parece que marchan en sentido contrario al que cabría esperar, como si fueran en la dirección equivocada. Sin embargo, cuando uno va por ese camino, alcanza la cumbre y mira hacia abajo, puede ver que en realidad no hay ninguna otra manera de llegar hasta arriba, independientemente de lo que pareciera desde abajo. Este es un buen ejemplo de la necesidad que tenemos de un guía con conocimiento y experiencia, tanto para el mundo exterior como para el interior.

Un discípulo es como un niño ignorante

La única verdadera sabiduría consiste en saber que no
se sabe nada.
Sé que soy inteligente porque sé que no sé nada.

Sócrates

Amma compara los discípulos o los sádhakas a niños, niños ignorantes que en realidad no saben ni lo que ellos están haciendo ni lo que está haciendo el guru. El guru tiene un único deber sumamente difícil: purificar constantemente al discípulo, eliminando hasta la última mota de polvo del espejo de su mente, para que el discípulo pueda experimentar la Verdad del Ser en su interior. Sin embargo, las personas acumulan muchos conocimientos antes de conocer a un mahatma y creen que pueden usar ese conocimiento en su vida espiritual. De hecho, raramente les ayuda; es más, generalmente esos conocimientos les crean obstáculos en el camino. La espiritualidad no es algo que pueda lograrse leyendo un libro. Solo se consigue mediante el trato y la gracia de un maestro que haya conseguido el Conocimiento junto con un intenso esfuerzo en la sádhana.

Había una vez un monje que vivía en un áshram en el bosque. Un catedrático de filosofía de la ciudad más cercana fue a visitarlo y le preguntó:

—Por favor, dime algo sobre la espiritualidad, sobre la Realidad interior, y cómo alcanzarla.

El monje lo miró y dijo:

—Pareces muy cansado después de un viaje tan largo. Por favor, descansa un poco y toma una taza de té.

El monje se fue a hacer té y lo trajo. Le dio una taza al catedrático y empezó a servirle el té con la tetera. Cuando la taza estuvo llena, el monje siguió vertiendo té, que se derramaba sobre la mano del visitante y caía al suelo.

—¡Para! ¡Para! ¿Estás loco? ¡En la taza no cabe ni una gota más! ¡Está llena hasta el borde! —gritó el profesor.

El monje se rió y dijo:

—Sabes bien que, cuando la taza está llena, no puede contener más líquido, por mucho que lo intentemos. Sin embargo, me pides que te enseñe acerca de la espiritualidad cuando estás lleno de prejuicios. Por favor, vuelve después de vaciar tu «taza». Por ahora no tienes espacio ni para una gota más, por lo que sería un desperdicio de energía intentar verter algo en ella.

¿Qué significa exactamente «vaciar la taza»? Por supuesto, la taza es la mente. Por desgracia, vaciar la taza de la mente no es tan sencillo como vaciar el contenido de una taza de té. Después de todo, la mente es sumamente compleja. Entonces, ¿cómo se vacía la mente? Esperamos que el catedrático de la historia le hiciera al monje esa misma pregunta y se quedara a oír la respuesta.

La vida espiritual no es fácil. No es como subir una montaña sino más bien como aplanar una. La montaña es el ego, la personalidad que erróneamente piensa que el cuerpo es el Ser. Ese es el origen de todos nuestros problemas. Amma dice:

> Si pensamos que somos este cuerpo, siempre obtendremos dolor. Este solo es un cuerpo alquilado. En algún momento se nos pedirá que nos vayamos de él. Y tendremos que irnos. Antes de eso, hay que alcanzar lo que es eterno mientras vivimos en este cuerpo. Cuando se nos pida que desalojemos la vivienda alquilada, nos iremos felizmente si tenemos una casa propia. Entonces podremos vivir en la casa eterna de Dios.

El ego no está grabado en piedra. Crece y se contrae en respuesta a nuestras acciones y pensamientos. Podemos hacer que deje de existir mediante el esfuerzo y la gracia del guru.

Un nativo americano que estaba dando un paseo con su hijo le dijo:

—Hay dos lobos luchando dentro de nosotros. Uno de ellos es amable, bondadoso y paciente. El otro es malo, egoísta y cruel.

El niño preguntó:

—Papá, ¿cuál de ellos ganará?

—Al que le demos de comer —respondió el padre.

El ego crece con pasiones como el apego, la aversión, el deseo y la ira. ¿Cómo podemos detener ese crecimiento? Amma dice:

> Tenemos que librarnos de todas las vásanas (hábitos negativos) que hemos acumulado, pero es difícil hacerlo todo de golpe. Hace falta una práctica constante. Tenemos que recitar nuestro mantra continuamente mientras caminamos, estamos sentados o estamos acostados. Cuando recitamos el mantra y visualizamos la imagen de Dios, los otros pensamientos se desvanecen y la mente

se purifica. Para eliminar la sensación de «yo» tenemos que utilizar el jabón del «Tú». Cuando percibimos que todo es Dios, el «yo», es decir, el ego, se desvanece y el «Yo» Supremo brilla dentro de nosotros.

Cuando Amma dice que debemos visualizar la forma de Dios, podemos elegir cualquier forma de Dios que concibamos y que nos guste. Entre ellas se incluyen formas «sin forma» como la luz, la paz, la amplitud, etc.

Amma dice que el guru tiene que vigilar constantemente al discípulo; de lo contrario, este puede «caerse al estanque y ahogarse». La palabra «constantemente» es muy importante. Nosotros tenemos que hacer constantemente la sádhana y Amma tiene que vigilarnos constantemente. La diferencia es que nosotros tenemos que hacer un gran esfuerzo para hacer la sádhana; pero a Amma, que es el Ser que mora en el corazón de todos, no le supone ningún esfuerzo vigilarnos durante toda la eternidad. Es importante que cultivemos la conciencia de que de que ella nos está viendo siempre.

Dos muchachos fueron a ver a un guru y le pidieron ser sus discípulos. El guru decidió ponerlos a prueba. Les dio una paloma a cada uno y les dijo:

—Toma esta paloma, mátala sin que nadie te vea y tráemela. Después de eso te enseñaré el conocimiento espiritual.

El primer chico llevo el ave al patio trasero, miró a su alrededor y, al no ver a nadie, le retorció el cuello hasta que murió. Después, volvió y la depositó a los pies del guru, que dijo:

—Bueno, vamos a ver qué hace el otro chico.

El segundo muchacho entró en un profundo bosque y estaba a punto de matar al pájaro cuando vio que este le miraba. No pudo cumplir la condición del guru. Fue a muchos lugares solitarios pero cada vez que intentaba matar el ave, esta le miraba. Por fin, volvió con la paloma viva, la puso delante del guru y dijo:

—Suami, aunque tengo grandes deseos de que me transmitas el conocimiento, no puedo cumplir la condición que nos ha puesto. En todos los lugares a los que he ido, me he dado cuenta de que alguien me estaba mirando, así que no he podido matar la paloma. Oh, maestro, por favor, ¡bendíceme con el verdadero conocimiento! —dijo el segundo muchacho.

—Hijo —dijo el guru—, tú eres el que es apto para recibir el conocimiento espiritual. Hay que sentir en todo momento que el Gran Maestro, el Señor, siempre nos está mirando. Entonces no haremos nunca acciones que perjudiquen nuestro progreso espiritual.

Despertar el guru interior

Muchos de los devotos que pasan tiempo con Amma se dan cuenta de que ella siempre parece conocer sus pensamientos y sus acciones. Lo puede mostrar con una mirada de inteligencia, una sonrisa, frunciendo el entrecejo o incluso diciendo algo para hacernos comprender que es la Testigo de todas las mentes. Ella se anticipa a las necesidades de sus devotos cuando los guía. Para nosotros es un modelo en casi todos los sentidos. Digo «casi» porque es evidente que no podemos hacer todo lo que ella hace. No podemos estar sentados en un lugar durante veinticuatro horas seguidas escuchando los problemas y las peticiones de la gente. No podemos permanecer despiertos casi todas las noches hasta temprano por la mañana. No podemos sonreír a todas las personas que nos encontremos y, por supuesto, no podemos consolar realmente ni a una sola persona que llegue a nosotros en una situación muy difícil; pero podemos llegar a ser más cariñosos con todos, tener más paciencia, renunciar a nuestro egoísmo por el consuelo y la felicidad de los demás, volvernos humildes y serviciales y no decir palabras hirientes ni ofensivas. Al compararnos con Amma podemos ir purificando gradualmente la mente y las acciones y finalmente despertar el «Guru Interior» que yace dormido dentro de nosotros.

Algunas personas dicen que para ellos es suficiente escuchar la vocecita de Dios en su interior y seguir sus consejos; pero dentro de nosotros hay muchas voces, y la mayoría de ellas, si no todas, hablan mucho más fuerte que la de Dios. La mayor parte de nuestras mentes están llenas de deseos, miedos, gustos y aversiones, atracciones y repulsiones. Intentar oír esa «vocecita interior» es como intentar oír un susurro en la cacofonía de una bulliciosa multitud. Sin embargo, si escuchamos a nuestra maestra, tenemos fe en lo que dice y, después, comparamos sus palabras y sus acciones con las voces y los impulsos que hay en nuestra mente, poco a poco iremos adquiriendo la destreza de entender cuál es la voz de Dios y cuál la de nuestra mente. Amma sabe cuándo somos capaces de hacerlo y gradualmente nos irá animando a ello; pero, hasta la Liberación, no tenemos más remedio que dar siempre preferencia a la voz exterior del guru frente a su voz interior.

CAPÍTULO SEIS

El guru es Brahman

Gúrur Brahma Gúrur Vishnu
Gúrur Devó Mahéshuara
Gúrur sakshat Parambrahma
tasmái Shri Guravé namahá

El guru es Brahma, el guru es Vishnu,
el guru es Mahéshuara (Shiva),
el guru es el Brahman Supremo,
postraciones ante ese guru

Se dice que más del ochenta por ciento de la población humana cree en la existencia de un Poder que es más grande que ellos mismos. Los antiguos sabios de la India, los rishis, como tenían una mente sumamente pura, fueron capaces de sintonizarse con Él. De ese modo se convirtieron en el cauce de ese Poder y lo experimentaron como los *Trimurtis*: Brahma, el Creador, Vishnu, el Conservador, y Mahéshuara, el Destructor de la Creación. Los tres han surgido de la Existencia y la Inteligencia Informe y Absoluta, de Brahman. Aunque los sabios podían experimentar la Trascendencia Absoluta, nos transmitieron la existencia de los Trimurtis por compasión hacia la humanidad, que no podía concebir esa gran Realidad sin forma. Sabían que la humanidad, para lograr la felicidad y la paz mental, necesitaba una forma conceptual para comunicarse con el Ser Supremo mediante el culto y la oración, y por eso dieron ejemplo a los demás adorando a los Trimurtis. La Guita dice:

> Lo que hace un gran hombre es lo que imitan los demás.
> El modelo que él establece es el que sigue el mundo.
>
> Capítulo 3, estrofa 21

Los seres humanos estamos dotados de unas mentes muy limitadas. Hasta los que creemos en la existencia del Creador tenemos una idea muy borrosa de lo que es ese Ser o ese Poder. Podemos describirlo como omnisciente, omnipotente y omnipresente, pero lo cierto es que Dios es una idea vaga para la mayoría de nosotros. Inconscientemente concebimos ese Principio como una versión glorificada de nosotros mismos. Si un mosquito fuera capaz de pensar en el Ser Supremo, probablemente sería un Mosquito enorme, todopoderoso y omnisciente.

Hay una estrofa muy conocida de los *Vedas*, la fuente acreditada de conocimiento espiritual en la India antigua, que dice:

> Quien conoce a Brahman se convierte en Brahman.
>
> Múndaka Úpanishad 3.2.9

En otras palabras, la persona que realmente conoce por experiencia directa el Brahman Absoluto, que es el origen de todo y de lo que hay más allá, se transforma en esa Realidad Infinita. Otros pueden experimentar esa Verdad cuando se encuentran en el estado de samadhi, pero solo el alma de Conocimiento llega a ser Eso al cien por cien. Su sentido individual se ha ampliado hasta convertirse en la Conciencia Infinita. En el Antiguo Testamento, Dios le dice a Moisés:

No puedes ver mi rostro, porque nadie puede verme y vivir.

Éxodo 33:20

Tal vez el significado sea que, al conocer plenamente a Dios, la individualidad muere y solo queda Dios. La gota cae en el brillante Mar.

La recitación del mantra del guru nos recuerda un hecho muy importante: que el guru es lo mismo que Dios. Sin embargo, debido al poder de Maya, normalmente no somos capaces de percibir esta verdad. Podemos tener razones o experiencias para creerlo, pero, por algún motivo, las dudas surgen una y otra vez. Probablemente sea por eso por lo que al comienzo de algunas *úpanishad* hay una oración que dice:

Om. Que el Señor nos proteja a ambos (el maestro y el alumno),
que el Señor nos nutra a ambos,
que trabajemos juntos con energía y con vigor,
que nuestro estudio sea iluminador y no provoque hostilidades.
Om, paz, paz, paz.

La realidad del guru

La mayoría de nosotros estamos constantemente ocupados en actividades físicas y mentales que generalmente nacen de los miedos y los deseos egoístas. Cuando nos acercamos a un mahatma, es porque queremos que con sus bendiciones se satisfagan nuestros deseos o desaparezcan nuestros temores. Pero un verdadero guru sabe que, en última instancia, todos los que buscan refugio en él o ella deben mirar hacia adentro y purificar la mente para que su paz interior deje de verse afectada por los deseos y los miedos. En la relación entre el guru y el discípulo, el discípulo debe esforzarse por purificar la mente para llegar a experimentar su unidad con el guru, que es la personificación de Brahman. El guru mostrará siempre el camino al discípulo, tanto exteriormente como desde dentro de la mente de este; sin embargo, el ego del discípulo entiende gran parte de esta relación de manera equivocada. El guru lo sabe y ve al discípulo como Brahman, pero el discípulo está identificado con su ego o su personalidad. A veces, el discípulo puede enojarse con el guru o, incluso, empezar a odiarlo. Eso puede obstaculizar su progreso. Por eso, la oración mencionada más arriba pide que no haya hostilidad entre ellos.

Como dice la expresión: «Donde hay confianza da asco». A pesar de que tenemos fe en que el guru es idéntico a Brahman, lo olvidamos constantemente debido a nuestra familiaridad con el guru. Hasta Árjuna, el famoso personaje de la Bhágavad Guita, llegó a tener demasiada familiaridad con su primo y cochero, el Señor Krishna. El Señor le dijo:

> No me manifiesto a todos, ya que la Yoga Maya me oculta. Este mundo engañado no Me conoce como el no nacido e imperecedero. Árjuna, yo conozco a todos los seres pasados, presentes y futuros; pero a Mí nadie me conoce.
>
> Capítulo 7, estrofas 25-26

Al oír esto, en la mente de Árjuna surgió un intenso deseo de experimentar la Realidad que hay más allá de la forma de Krishna. A pesar de que muchos de los parientes y conocidos del Señor Krishna creían que era una encarnación del Señor Vishnu, su creencia no se reflejaba en su comprensión, sus palabras y sus acciones. Árjuna le dijo:

Quiero ver tu forma como el Señor, oh Ser Supremo.
Si crees que es posible que yo lo vea, muéstrame tu Ser
Eterno.

Capítulo 11, estrofas 3-4

El Señor dijo:
En verdad solo con tu ojo no eres capaz de verme. Te
doy un ojo divino. Contempla mi yoga soberano.

Capítulo 11, estrofa 8

Y Árjuna vio la Forma Universal con el Ojo Divino
del Conocimiento que le había dado el Señor. Lleno de
asombro, con el vello erizado, inclinó la cabeza y, con
las manos juntas, se dirigió al Señor:

Capítulo 11, estrofa 14

Tú eres el Imperecedero, el Ser Supremo digno de ser
conocido. Eres la gran Morada de este Universo. Eres
el Guardián inmortal del Dharma Eterno, la Persona
ancestral. Te veo sin comienzo, sin mitad y sin final. El
Sol y la Luna son tus ojos, y calientas el Universo entero
con tu resplandor. Dime quién eres. Me inclino ante Ti,
oh Dios supremo, ten misericordia. Quiero conocerte,
oh Ser Original.

Capítulo 11, estrofas 18-19

El Señor dijo:
Yo soy el poderoso Tiempo, que destruye el mundo, y
ahora estoy destruyendo los mundos. Aun sin tu ayuda,
ninguno de los guerreros que están formados en ejércitos
enemigos vivirá.

Capítulo 11, estrofa 32

Cuando Árjuna hubo oído las palabras del Señor, temblando y postrándose con las palmas de las manos juntas, volvió a dirigirse a Krishna y, con voz balbuceante, inclinándose ante él y abrumado de temor, dijo:

Capítulo 11, estrofa 35

Cualquier cosa que Te haya dicho por descuido o cariño, diciéndote «Krishna, Yádava, amigo», considerándote un mero amigo, ignorando esta grandeza tuya; de cualquier manera que pueda haberte insultado por diversión, al jugar, en la cama, en una reunión o al comer, solo o en compañía, Te ruego me perdones por ello.
Tú eres el Padre de este mundo, de lo que se mueve y de lo inmóvil. Este mundo tiene que adorarte, porque Tú eres el mayor guru, porque no tienes igual. ¿Dónde hay otro superior a Ti en los tres mundos, oh Ser de grandeza sin par? Por eso, inclinándome anti Ti, postrando mi cuerpo, Te imploro, Señor adorable, que me perdones. Sé paciente conmigo, como el padre con el hijo, el amigo con el amigo, el amante con la amada.

Capítulo 11, estrofas 41-44

El Señor respondió:
Es muy difícil ver esta Forma mía que tú has visto. Hasta los dioses ansían siempre contemplar esta forma. Ni por los Vedas, ni por la ascesis, ni por donaciones, ni por el sacrificio se Me puede ver en esta Forma en que tú me has visto; pero por una devoción sin distracción se Me puede ver y conocer realmente en esta Forma, y se puede entrar en Mí, oh destructor de los enemigos. Quien actúa por Mí, quien Me ve como el Ser Supremo,

quien está dedicado a Mí, quien carece de apego y no odia a ningún ser, ese viene a Mí, oh Pándava.

Capítulo 11, estrofas 52-55

¿No estamos los devotos de Amma en una situación parecida a la que estaba Árjuna? Estamos luchando en la guerra de la vida, tanto interior como exteriormente. Gracias a un inimaginable golpe de buena suerte, de karma o de pura gracia hemos llegado a los santos pies de Amma. Creemos que Amma ha nacido en este mundo con el objetivo de dirigir a los seres humanos hacia Dios, hacia su Verdadero Ser. Todo lo que hace, cada mirada, cada palabra, cada toque, lo realiza para despertar a esas almas que, por la razón que sea, tienen la suerte de haber llegado a ella. Es verdad que se oculta en Yoga Maya para poder moverse entre nosotros, casi como uno de nosotros; pero debemos recordarnos una y otra vez que no es como nosotros. Su experiencia interior está mucho más allá de lo que podemos imaginar. Ella es una personificación de Brahman actuando como un ser humano excepcional. Sin duda es incomprensible para quienes nos identificamos con un cuerpo, porque lo que vemos no es más que «la punta del iceberg».

Recordemos constantemente las palabras del Señor:

Por una devoción sin distracción se Me puede ver y conocer realmente en esta Forma, y se puede entrar en Mí, oh destructor de los enemigos. Quien actúa por Mí, quien Me ve como el Ser Supremo, quien está dedicado a Mí, quien carece de apego y no odia a ningún ser, ese viene a Mí, oh Pándava.

Tenemos una oportunidad de oro para evolucionar hacia estados espirituales más elevados que culminarán en el Autoconocimiento y la liberación del incesante ciclo de nacimientos y muertes. Aprovechemos esta oportunidad única en muchas vidas para recordarnos constantemente quién es Amma y esforzarnos por recibir sus todopoderosas bendiciones.

CAPÍTULO SIETE

La presencia del guru es incomparable

Amma dice:

Aunque Dios es omnipresente, la presencia de un guru es algo incomparable. Aunque el viento sopla por todas partes, solo disfrutamos del frescor cuando nos sentamos a la sombra de un árbol. La brisa que pasa a través de las hojas del árbol ¿no calma a aquellos que caminan en el calor del Sol? Del mismo modo, los que vivimos en el calor abrasador de la existencia mundana necesitamos un guru. La presencia del guru nos dará paz y tranquilidad.

Hay muchos aspirantes espirituales o sádhakas que, tras haber experimentado algo de entrenamiento y de sádhana, reúnen a discípulos a su alrededor y les dan discursos espirituales, les enseñan las escrituras, meditación y otras prácticas espirituales. Sin duda esos gurus responden a una necesidad; pero cuando Amma utiliza la palabra «guru» no quiere decir un simple maestro. Habla de una persona que está instalada permanentemente en la unidad con Dios. Nadie más es realmente digno de ser llamado guru.

Un guru es una persona que vive en la conciencia, en la experiencia constante de que es el Ser interior de todos y de todo. La creación es un libro abierto para ellos. Tienen el poder espiritual llamado gracia, con el que pueden elevar a una persona con un simple pensamiento o mirada. Por un lado, se dice que la gracia brilla universalmente sobre todos, como el Sol; pero en las manos de un alma con Conocimiento también es un poder que puede ser, y de hecho es, una bendición. Amma dice que es necesario esforzarse para alcanzar el Autoconocimiento; pero hasta ese esfuerzo se debe a la bendición de un guru y, cuando se ha llegado tan lejos como puede llevarnos el esfuerzo, el conocimiento final solo se produce por la gracia del guru. Amma nos está hablando de esa clase de guru: nada menos que un mahatma que sea uno con lo Absoluto. Y eso es extremadamente infrecuente. Como dice el Señor Krishna en la Bhágavad Guita:

> En verdad, el yogui que se esfuerza asiduamente, puri-
> ficado de pecado y perfeccionado a lo largo de muchas
> vidas, entonces alcanza la Meta Suprema.
>
> Capítulo 6, estrofa 45

> Después de muchas vidas, el hombre de sabiduría llega
> a Mí, comprendiendo que Vasudeva (Dios) es el todo.
> Es el alma noble (mahatma), muy difícil de encontrar.
>
> Capítulo 7, estrofa 19

La leche está en la vaca, pero solo la obtenemos cuando le presio- namos las ubres. Del mismo modo, Dios impregna cada átomo de la Creación y de lo que hay más allá, pero hay determinados lugares en los que podemos sentir realmente esa Presencia y bene- ficiarnos de ello. La Presencia Divina se manifiesta en un lugar donde mucha gente se reúne y canta bhajans, reza o medita. La concentración en lo Divino purifica el ambiente de sus habituales vibraciones mundanas. Los lugares de culto, ashrams, monasterios y moradas en las que viven o han vivido en el pasado santos y sadhaks, todos esos lugares manifiestan la divinidad en distintos grados, bajo la forma de una paz que no es de este mundo y una capacidad de concentrar la mente mejor de los que llegan allí.

Muchos de nosotros hemos estado en algunos de los templos antiquísimos de la India, como los de Kánchipuram, Tiruván-namalai, Raméshwaram, Tírupati o Kashi. Amma dice que los templos más poderosos de la India, que atraen a millones de devotos y son visitados desde la antigüedad, fueron fundados por mahatmas. De hecho, se puede sentir de una manera real y tangible la paz y la tranquilidad del ambiente. No es la misma paz que sentimos cuando vamos a caminar por el bosque o salimos a la naturaleza. Esa paz también es pura, pero solo es un pálido reflejo de la positiva experiencia espiritual que se vive en un lugar sagrado. Esos lugares se vuelven sagrados porque por allí pasaron o vivieron personas santas que estaban llenas de la presencia de Dios gracias a una mente concentrada y purificada. Incluso cuando esos mahatmas han abandonado el cuerpo, si los devotos que llegan siguen realizando actividades espirituales y devocionales, esa presencia santa se mantiene o hasta puede intensificarse.

El aura

El concepto de «aura» se ha vuelto muy popular en la cultura occidental, donde muchos aceptan como algo natural que cada objeto tiene un aura o, en otras palabras, una irradiación sutil. Amma dice que la gente que tiene una forma de pensar positiva, amplia o con pensamientos universalmente beneficiosos, irradia un color dorado sutil que es visible para aquellos que tienen una visión espiritual sutil. Dice:

> Alrededor del cuerpo de cada uno hay un aura sutil. Al igual que nuestras palabras se pueden grabar en una cinta, nuestras acciones dejan una impresión en

esa aura. Eso se ve muy claramente en torno a las personas que hacen sádhana. Las auras de los sadhaks son poderosas. Las auras de las otras personas no tienen esa característica. Las auras de la gente común son oscuras o turbias. Su aura se vuelve más y más oscura a medida que se hacen más egoístas, malvadas y egocéntricas. Esas personas nunca están libres de obstáculos y problemas, que las devuelven de nuevo a la tierra, y sufren una y otra vez. Sin embargo, si cultivamos y llevamos a cabo buenas acciones y buenos pensamientos, el aura será de color dorado y eso nos ayudará a evolucionar hacia los planos superiores de la conciencia. Todo lo que la gente así se proponga hacer estará libre de obstáculos y todo se volverá favorable. Si se le hace cualquier daño a un *tapasui* (una persona que realiza prácticas ascéticas), su aura generará unas vibraciones destructivas para los agresores.

En el momento de la muerte, el aura, junto con las tendencias inherentes al alma, abandona el cuerpo y flota por la atmósfera más o menos como lo hace un globo lleno de helio. No puede permanecer en el cuerpo después de la muerte. Después selecciona y nace en un cuerpo apropiado o adecuado para los deseos y los apegos de su vida anterior.

Cuando estamos en presencia de almas puras nos sentimos felices, en paz, cómodos y como en casa. En la presencia de personas que están predominantemente llenas de pensamientos y sentimientos negativos, nos sentimos justo al contrario: incómodos, asustados, inquietos e irritados. No solo las personas sino también los lugares tienen un aura predominante.

Los mahatmas irradian una poderosa presencia divina. La conexión que existe entre su Naturaleza Infinita y su cuerpo individual los convierte en un conducto para la Presencia Infinita. Hay una estrofa de la Guita que describe esto:

> Los sabios ascéticos que carecen de deseo y de ira, han dominado la mente y han conocido el Ser, irradian la paz dichosa del Atman a todo su alrededor.

Capítulo 5, estrofa 20

Parece necesario aclarar aquí qué es lo que normalmente se entiende en la India como un sabio o un santo. ¿Hay alguna diferencia o es simplemente una cuestión semántica? Tradicionalmente, un santo es una persona que aspira al conocimiento de Dios y ha alcanzado un cierto grado de pureza mental. Esta clase de mente refleja la presencia de Dios, pero no en su plenitud. Todavía tiene que trabajar por la Perfección o absoluta pureza mental. Un sabio es una persona que ha logrado una unión interna permanente con el Ser Supremo. Pueden convertirse en grandes maestros de la humanidad o simplemente llevar una vida recluida. A un sabio algunas veces se le puede denominar un santo, pero por lo general a los santos no se los considera sabios.

La paz que hay alrededor de los sabios

El Señor Krishna empieza diciendo: «los sabios ascéticos». ¿Qué se entiende por «ascéticos»? Un estilo de vida que se caracteriza por una disciplina férrea y la abstinencia de los placeres físicos y mentales. Después de llevar este tipo de vida y lograr el Autoconocimiento, los mahatmas pueden seguir viviendo así como una expresión espontánea de su absoluta sencillez y satisfacción. No aspiran a nada ya que se encuentran en el estado de completa Paz. Siempre están centrados en Dios. Siempre están felices y tranquilos y, aunque puedan hacer bromas, su intención será muy seria: despertar en la gente la necesidad de una vida piadosa. Más que describir su estilo de vida exterior, la palabra «ascético» apunta a su experiencia interior de la Realidad. Viven en un estado inimaginable e indescriptible más allá de la conciencia del cuerpo. Ellos son la Conciencia misma.

La Guita dice que hay tres puertas que conducen el *jiva* o alma al infierno: el deseo, la ira y la codicia. Los sabios son aquellos cuyas mentes han llegado a estar tan puras y libres de pensamientos que para ellos no queda nada excepto el Ser o Dios.

«Que carecen de deseo y de ira»: su mente se puede comparar con un cielo claro, completamente desprovisto de nubes y de polvo. En ellos no surge el deseo porque están eternamente llenos o satisfechos con su conocimiento de la Unidad. Y tampoco se enojan porque no tienen deseos, ni siquiera sutiles. La ira es el resultado de un deseo no cumplido, que ellos no tienen. Sin embargo, pueden hacer como que están enfadados con el fin de corregir a una persona o una situación; pero eso solo está en la superficie de la mente y en beneficio de los demás. Es como una línea trazada en el agua que desaparece al instante siguiente.

La paciencia de Sócrates

El gran filósofo Sócrates tenía una mujer que era muy impaciente y siempre estaba enfadada, y que fue una constante bendición para que él adquiriera paciencia. Por supuesto, podía haber sido cualquier persona con esa naturaleza, no tenía por qué ser precisamente la esposa. Un día, estaba pensando muy profundamente sobre un problema filosófico. Como tenía por costumbre, su esposa se le acercó y se puso a gritarle de un modo muy bronco, agresivo y grosero. Lo injurió y lo insultó, exigiendo su atención; pero Sócrates, inmerso como estaba en sus pensamientos, no le hizo caso. Siempre acababa de hacer una cosa antes de empezar otra. Hoy en día eso es muy común en personas que no pueden apartar los ojos de la pantalla del ordenador o del móvil para hablar con una visita.

La esposa le vociferaba, enfurecida, pero ni así consiguió su atención. Por último, encolerizada, tomó un tazón lleno de agua sucia y se la echó por la cabeza. ¿Se alteró o se molestó Sócrates? Ni en lo más mínimo. Sonrió, se rió y dijo:

—Hoy se ha demostrado el refrán que dice: «cuando hay truenos es que va a llover».

Tras ese comentario, siguió con lo que estaba pensando. Se podría decir que era una persona muy desconsiderada, pero no es por eso por lo que estamos contando esta historia.

No hay que desanimarse por las dificultades que encontramos al intentar domar nuestro carácter. Según el dicho, «no hay dificultades, solo hay oportunidades». Si Sócrates pudo hacerlo tan bien, ¿por qué no los demás? Las circunstancias difíciles son ocasiones justo para eso. Los sabios son aquellos que han llegado al nivel en el que no tienen deseos, por lo que tampoco se enojan. Es una verdadera hazaña.

Shri Krishna dice que la condición necesaria para el Autoconocimiento es «haber sometido la mente y conocido el Ser». Podemos ir a los templos, rendir culto, cantar bhajans, participar en satsangs, hacer japa cien millones de veces, meditar, leer las escrituras, ir a la India y vivir allí cincuenta años, podemos hacer todas y cada una de estas cosas, pero si nuestra mente no se calma mediante la concentración y el autocontrol, no conseguiremos el resultado final de todas esas actividades espirituales, que es la paz interior. Cuando la mente se calma, lo que queda es nuestro verdadero Ser, nuestra verdadera naturaleza o Dios. Lo único que nos impide la visión de Dios o el Autoconocimiento es nuestra inquieta mente. Cuando la mente se ha purificado completamente y el único pensamiento que tiene es el de la presencia de Dios o el Ser, la mente se hunde en su origen, que es la Conciencia o Dios. Al freír un donut (o un *wada*), sabemos cuándo está listo porque ya no aparecen burbujas. El calor del tapas hace aparecer todos los pensamientos que tenemos dentro para que podamos destruirlos. Cuando ya no quedan pensamientos estamos totalmente «cocidos».

Estos seres irradian a su alrededor la «dichosa paz de Brahman», como dice Shri Krishna. Muchos devotos han experimentado eso cerca de Amma. Una noche, durante el darshan de Chicago, Amma me llamó a su lado y me pidió que tradujera lo que querían decirle los devotos. La persona que suele hacerlo no estaba por allí, así que me tocó este deber. Cuando me senté, sentí una paz tan inmensa irradiando desde Amma que mi mente dejó de funcionar. Estaba sentado allí con una sonrisa tonta en la cara, como un bobo. La miré y le dije:

—Me siento tan…

Y antes de que pudiera terminar la frase, me preguntó:

—¿En paz?

Cuando le preguntaron a Shri Rámana Maharshi cómo se podía saber que alguien era un mahatma, respondió:

—Por la paz mental que se experimenta en su presencia y por la sensación de respeto que despierta.

Una vez, en Santa Fe, durante una de las primeras giras de Amma por Estados Unidos, hubo una señora que estuvo sentada en la parte de atrás de la habitación durante tres o cuatro horas en el darshan de día. En aquellos días no se reunía mucha gente. La señora no estaba muy interesada en asuntos espirituales, pero sentía mucho cariño y respeto por Amma. Cuando Amma se levantó y se fue a su cuarto, la señora se me acercó y me dijo:

—En esta habitación hay una intensa paz. Si hay alguien que puede hacer que este mundo sea mejor, sin duda es Amma.

Eso lo dijo una persona que no tenía la receptividad que se adquiere con la meditación; sin embargo, podía sentir la paz irradiada por Amma.

La energía que hay cerca de los mahatmas

La paz de Brahman que irradian los mahatmas no solo afecta la mente de la gente produciendo quietud, sino que también afecta sus cuerpos. Los devotos que se quedan toda la noche en el darshan se sienten frescos y llenos de energía a pesar de que normalmente se irían a dormir mucho antes. Hay una fiesta anual en la India llamada Mahashivaratri. Comienza a las seis de la mañana y dura hasta las seis de la mañana del día siguiente. Se supone que durante ese tiempo no hay que dormir, sino realizar adoración, meditación y otras prácticas religiosas. A la mayoría les resulta muy difícil quedarse despiertos y algunos hasta van a ver una película devocional para no quedarse dormidos. Pero eso no ocurre en presencia de Amma. Su presencia nos llena de una energía que no sabíamos que tuviéramos.

Hace muchos años, uno de los hermanos de Amma tenía una fiebre muy alta y se sentía muy inquieto. Casualmente, en ese momento me encontraba sentado cerca de Amma, que estaba hablando con un grupo de devotos. Su hermano llegó y se sentó a su lado, con aspecto abatido e infeliz. Unos minutos más tarde, se levantó y se marchó. Pocos minutos después, regresó. Hizo eso un par de veces. Por fin, le pregunté qué pasaba. Dijo que cuando estaba sentado al lado de Amma, se le quitaba completamente la fiebre, pero que cuando se iba, la fiebre volvía. Se preguntaba qué es lo que estaba ocurriendo y si tendría algo que ver con su hermana. Finalmente se dio cuenta de que el alivio que sentía se debía a la proximidad física de Amma. Después de esa experiencia fue cuando su fe en Amma se volvió profunda y duradera.

Para esas pocas almas que pueden vivir en el áshram de Amma en la India, encontrarse en su presencia física durante tanto tiempo es una gran ayuda para su vida espiritual. Para el resto de nosotros, también es bueno que pasemos con ella todo el tiempo que podamos. Al final eso hará que sintamos su paz llena de dicha en nuestra mente dondequiera que estemos. Pero hasta entonces no debemos conformarnos pensando que su presencia física no es necesaria para nuestro progreso espiritual. No puede haber nada más lejos de la verdad. No puede haber nada que ayude más que estar cerca de Amma.

CAPÍTULO OCHO

La oscuridad interior

Aquellos que estamos interesados en la vida espiritual, probablemente no tuviéramos ni idea al empezar de lo difícil que era el camino. Habíamos leído la vida de Buda y de otros santos y pensábamos que, a diferencia de ellos, a nosotros quizás nos bastaría un pequeño esfuerzo y que pronto sentiríamos la dicha del samadhi o la iluminación. Debido a nuestro ego y a nuestra ignorancia, podíamos pensar que no tardaríamos mucho en lograr el Autoconocimiento, como un niño de cinco años que pensara que después de la guardería, con un poco más de esfuerzo, obtendría el doctorado. Un poco de suerte, un poco de trabajo y, como con otros objetivos de la vida, lo conseguiríamos. Por supuesto, eso no es lo que ocurre. El conocimiento espiritual no es para los que son poco exigentes. No hay atajos. Cuanto más valioso es algo, más cuesta. Y, ¿qué es lo más codiciado por todos los seres? La paz. ¿Y quién obtiene la paz? El Señor Krishna dice en la Guita:

> Obtiene la paz la persona que, abandonando los deseos, se mueve sin apego, sin egoísmo, sin vanidad. Ese es el estado bráhmico. Llegando a él nadie se engaña. Permaneciendo en ese estado aun en el último período de la vida, se llega a la dicha de Brahman.
>
> Capítulo 2, estrofas 71-72

Cuando nos tomamos en serio el llegar a estados elevados de espiritualidad, algunos de nosotros buscamos a una persona que lo haya logrado y que nos pueda mostrar el camino. Lo que los libros pueden decirnos es limitado. ¿Hasta dónde puede llegar un niño en sus estudios sin la guía de un maestro? ¿Y qué sucede cuando encontramos a un maestro experimentado, que está dispuesto a ayudarnos y enseñarnos? Puede pasar de todo excepto lo que esperábamos. Es un poco como ir al médico con tos y terminar en el quirófano. Nuestra enfermedad es más complicada de lo que pensábamos.

Unos meses después de quedarme a vivir con Amma, estaba sentado con ella enfrente del kálari, el templito que en aquella época era el centro de nuestra vida. Un occidental que estaba de visita también se acercó y se sentó. Esa persona estaba interesada en el conocimiento espiritual, pero en realidad no se había esforzado en serio antes de acudir a Amma. Amma lo miró y dijo:

—Hijo, tú deseas pasar los días y las noches en samadhi, ¿no?

Él asintió, ante lo cual Amma sonrió y dijo:

—Mmm.

Ese «mmm» tenía un profundo significado que ninguno de nosotros pudo entender en ese momento. Solo Amma sabía la gran cantidad de purificación que era necesaria para lograrlo, probablemente durante más de una vida. Esa persona que venía de occidente y había leído algunos libros espirituales, seguramente pensaba que con la guía de Amma solo necesitaría unos pocos meses de esfuerzo para alcanzar el samadhi. Quizás la quietud que sentía en presencia de Amma le indujera a creerlo.

Los primeros signos de progreso

Una de las primeras cosas que le sucede a un aspirante serio cuando empieza a hacer un verdadero esfuerzo siguiendo las instrucciones de su guru es un intenso afloramiento de apatía o somnolencia. Amma dice:

> Cuando intentamos eliminar los pensamientos negativos es cuando empiezan a causar problemas. Hijos, si os sentís somnolientos al meditar debéis estar muy atentos para no caer en la esclavitud de sueño. En las etapas iniciales de la meditación, salen a la superficie todas las cualidades *tamásicas*, pesadas. Si estáis vigilantes, acabarán desapareciendo. Si tenéis sueño, levantaos y haced japa caminando. Poned la *mala* o rosario cerca del pecho y estad atentos. Seguid haciendo japa sin prisa. Si seguís teniendo sueño, haced japa de pie sin apoyaros en nada ni mover las piernas.

Cuando inicié mi vida espiritual tenía dieciocho años. No sé por qué, pero conseguir el Autoconocimiento se convirtió en una cuestión de vida o muerte: conseguirlo o morir. Después de llegar a la India, la cosa fue desastrosa: cada vez que cerraba los ojos me quedaba dormido en menos de medio segundo, aunque hubiera dormido ocho horas la noche anterior. Incluso cuando alguien me estaba hablando, no era raro que diera una cabezada y me quedara dormido mientras lo escuchaba. O cuando leía un libro, lo siguiente que sabía es que me encontraba tirado en el suelo, como una medusa fuera del agua. Era terrible, agobiante. Me sentía fatal y pensaba: «¿Qué me está pasando? Vine a la India con el fin de conocer a Dios y ahora lo único que puedo hacer es dormir como un tronco». Al verme sentado en la postura del loto en la sala de meditación del áshram, algunos devotos podían pensar que yo era un buen meditador; pero la quietud del samadhi y la del sueño pueden parecer a veces lo mismo, aunque no lo sean. De hecho, el samadhi y el sueño son como el día y la noche.

No sabía qué hacer. Era una cuestión muy seria y estaba terriblemente preocupado y angustiado. Me dirigí a mi guía espiritual de esa época y le pregunté:

—¿Qué tengo que hacer? Pensaba que la meditación era el camino hacia el Conocimiento. A este paso, puedo irme olvidando de ello. Tal vez me haya equivocado de camino.

¡Hasta cuando me respondía me estaba quedando dormido! Empecé a pensar: «quizá tenga una enfermedad o algo parecido, como la enfermedad del sueño. Puede que la pillara en el barco en el que vine. Antes de partir hacia la India no tenía este problema». Le dije:

—Creo que tengo algún problema físico.

—De acuerdo —me contestó—. Si eso es lo que crees, hay un hospital privado muy bueno a unos ochenta kilómetros de aquí. ¿Por qué no vas y te haces una revisión exhaustiva que incluya una evaluación psiquiátrica?

Aunque yo no quería apartarme de su compañía y de la *seva*, me pareció que no tenía elección y acepté. Salí al día siguiente. Pasé diez días en el hospital y me hicieron toda clase de pruebas. Incluso me hicieron un electroencefalograma para comprobar las ondas cerebrales.

Finalmente llegó el informe: «No le pasa nada malo. Ya puede irse a su casa».

Cuando llegué a casa, le dije a mi maestro:

—Pues no han podido encontrar nada.

—Por supuesto. ¿De verdad pensabas que iban a encontrar algo? —respondió.

—Y entonces, ¿por qué me dijiste que fuera?

—Quería que fueras para que supieras que no te pasaba nada malo físicamente. Este tamas tan denso que estás experimentando es la oscuridad no solo de los hábitos de tu vida antes de venir aquí, sino también de las vidas anteriores, que están saliendo a la superficie. Si quieres limpiar una botella sucia, echas agua limpia dentro para enjuagar toda la suciedad. Ahora que estás intentando concentrar la mente, lo primero que sale es la apatía. Tienes que combatirla hasta que pierda fuerza. La propia palabra tamas significa «difícil de resistir».

Cómo vencer tamas

«Cada vez que lo sientas venir, cada vez que tu mente empiece a ponerse tamásica, o pesada, o abstraída, o a dormirse, tienes que apartar la fuerza la mente de ahí y concentrarte intensamente en otra cosa. Si alguien está hablando contigo, no dejes que la mente divague. Concéntrate atentamente en lo que esté diciendo. No dejes que la mente se quede en blanco. Si quieres leer, hazlo de pie en medio de la habitación. Por ningún motivo te apoyes en nada. Eso mantendrá el sistema nervioso en tensión, lo que te ayudará a vencer la apatía.

Cerca de donde vivía había una montaña sagrada. Mi maestro me dijo que cada noche a medianoche corriera todo el camino de trece kilómetros que había alrededor de la montaña para librarme de parte de esa apatía. Y también pensó otras cosas para mantenerme despierto. Él cocinaba para los dos. Me gusta la comida india, pero nunca me llegó a gustar la guindilla tanto como a muchas personas de la India. Recientemente he leído que la guindilla tiene muchas cualidades saludables, pero al parecer mi lengua carece del grosor necesario para poder apreciarlas. Hay muchas clases de guindillas, y algunos de sus nombres son escalofriantes, como «bomba roja», «petardo», «superguindilla», «tailandés picante», «demonio rojo», «segadora de Carolina», «escorpión Morouga» y «víbora naga». Hacía toda clase de platos con el doble o triple de guindillas de lo normal. La nariz me moqueaba, los oídos goteaban, todo mi ser se licuaba. Me dijo que no quitara las guindillas al encontrarlas en la comida, sino que me las tragara. Decía que me calentarían el cuerpo y me harían más activo. Y en el fondo tenía razón. Fue una verdadera lucha, pero fui capaz de deshacerme de esa apatía. Fue una lucha a muerte, pero estoy muy agradecido de que tuviera lugar porque así comprendí la naturaleza de tamas y adquirí la fuerza de voluntad necesaria para superarlo. Conseguir tener la capacidad de detener la mente es un paso que hay que dar en el camino. Decirle: «cállate, por favor» y que obedezca. Por mucho que esperemos, la mente no se detendrá por sí misma. Debemos esforzarnos por pararla y ese esfuerzo es lo que permite adquirir la fuerza de voluntad necesaria para someter la inquieta mente.

El consejo de Amma

Tenemos que esforzarnos, eso es lo que dice Amma. Tenemos que intentarlo una y otra vez, y así podremos lograrlo. Pero....

> Cuando intentamos eliminar los pensamientos negativos, es cuando nos empiezan a causar problemas.

Además de la oscuridad de tamas, empezamos a tener pensamientos indeseables. Nos volvemos más negativos, coléricos, criticones, o nuestros apetitos sensibles aumentan. Empiezan a pasar muchas cosas inesperadas que son extrañas y nos confunden. La dicha espiritual se convierte en un sueño lejano. ¡No digas que Amma no te lo advirtió!

No es que estas cualidades problemáticas no estuvieran ahí antes de iniciar la práctica espiritual. Claro que nos dejábamos llevar por esos pensamientos, pero no lo sentíamos como algo problemático. Ahora nuestra actitud ha cambiado y nos hemos dado cuenta de toda la basura indeseable que tenemos en casa, en nuestra mente. Amma dice:

> Cuando estos pensamientos aparecen en la mente, hay que discernir así: mente, ¿sirve para algo alimentar estos pensamientos? ¿Te acerca a tu meta pensar en esas cosas?

En otras palabras, Amma nos está diciendo que cuando nuestra mente empiece a entrar en erupción con todas sus tendencias, sus vásanas, le digamos: «¿Sirve para algo pensar en todas estas cosas? ¿Es ese tu objetivo?». Espero que a estas alturas ya hayamos comprendido cuál debe ser nuestro objetivo: la paz mental.

La importancia del desapasionamiento

Amma nos dice que, hasta hace poco, nuestro objetivo en la vida era hallar la felicidad buscando objetos y relaciones exteriores. Curiosamente, hasta las cualidades negativas eran una especie de fuente de felicidad. La crítica, la ira, el cotilleo, el orgullo, la arrogancia, toda la gama de pensamientos, palabras y acciones relacionados con el sexo: todos ellos nos producían alguna clase de placer. Cuanto más nos dejábamos llevar por estos hábitos, más profundos se volvían, hasta que se convertían en nuestra naturaleza fundamental. Para ir a la raíz causante del problema de una mente inquieta, Amma dice:

> Hay que adquirir un completo desapasionamiento respecto a los objetos mundanos.

Amma usa la expresión «completo desapasionamiento». Da una enorme importancia a la necesidad de desapasionamiento para aquellas personas que están en el camino espiritual. El *Viveka-chudámani*, una obra clásica sobre el Autoconocimiento escrita por Shri Sankaracharya, dice:

Para aquel que está dotado de autocontrol no creo que exista un medio mejor de conseguir la felicidad que el desapasionamiento. Y, si además tiene una experiencia sumamente pura del Ser, le lleva a la soberanía de la Libertad Absoluta. Y como esa es la puerta que lleva a la Liberación eterna, por tu bien libérate de la pasión tanto interior como exteriormente y fija siempre la mente en el Ser eterno.

Estrofa 376

La razón por la que no somos capaces de progresar rápidamente en la vida espiritual es porque carecemos de un intenso desapasionamiento. El progreso que hacemos en nuestros esfuerzos por zambullirnos en nuestro interior depende de lo desapegados que estemos de los objetos mundanos, incluyendo nuestro cuerpo y el mundo en que este habita. Nuestros deseos mantienen nuestra atención en la superficie. El completo desapasionamiento y la concentración total son dos nombres de la misma cosa.

El desapego o desapasionamiento empieza a surgir en una mente que discierne sobre la verdadera naturaleza del cuerpo y del mundo. Ese discernimiento nos hace darnos cuenta de que, aunque queramos ser siempre felices, eso es sencillamente imposible con los medios que solemos emplear. No hay duda de que el cuerpo y el mundo pueden proporcionar una cierta cantidad de felicidad mediante el placer; pero para algunas almas con discernimiento eso no es suficiente. Afortunadamente, Amma nos dice que la felicidad duradera es indudablemente posible, pero que tenemos que buscarla donde realmente está. Podemos convencernos de que existe y vale la pena el esfuerzo necesario para alcanzarla gracias a nuestras propias observaciones, a la lectura de textos espirituales o a la compañía de mahatmas, como Amma, que viven en esa

Conciencia Trascendente. El resultado de una sádhana perseverante es que la mente se vuelve absolutamente pacífica, absolutamente estable, la conciencia pura, nuestro Verdadero Ser. Es necesario que seamos desapasionados, independientemente de que interpretemos la Realidad como nuestra Verdadera Naturaleza o como el Señor Universal que mora en nuestro interior. El amor a Dios o al Ser solo crecerá si le damos la mente y el corazón enteros. Como dice una antigua máxima de la Biblia:

> Amarás al Señor, tu Dios, con todo tu corazón, con toda tu alma y con todas tus fuerzas.
>
> Deuteronomio 6:5

El Amor Divino solo es posible si cultivamos el desapasionamiento más pleno y recogemos la mente una y otra y otra vez.

CAPÍTULO NUEVE

El ego y el Ser

¿Qué es la verdadera confianza en uno mismo? La verdadera confianza en sí mismo no nace del ego sino de la conciencia del Verdadero Ser.

Amma

Cuando Amma dice «confianza en sí mismo» no se refiere a la confianza habitual del pequeño ego, sino a la fe, la confianza y la sabiduría que nacen de la devoción a Dios y al guru y de su experiencia. Cuando vivimos con un verdadero guru, observamos sus acciones, sus palabras y sus enseñanzas y adquirimos fe en su forma de vivir. Poco a poco nos vamos moldeando a imagen del guru. Finalmente, después de una práctica prolongada, sintonizamos con la Presencia Divina que el guru encarna y compartimos su sensación de centramiento y de estabilidad interior en la conciencia de Dios.

Si, en lugar de estar simplemente estudiando libros espirituales, pasamos un tiempo, aunque sea corto, con una mahatma como Amma, veremos lo que realmente son el amor divino y la confianza en uno mismo. Oímos que «Dios es amor»; pero estas son solo palabras abstractas para la mayoría de las personas. ¿Cómo puede Dios ser amor cuando hay tanta desigualdad y sufrimiento en el mundo? Hemos oído que todos los seres humanos son creados iguales por el Creador. *La Declaración de Independencia* de los Estados Unidos de América de 1776 dice:

> Sostenemos como evidentes estas verdades: que todos los hombres son creados iguales; que son dotados por su Creador de ciertos derechos inalienables; que entre estos están la Vida, la Libertad y la Búsqueda de la Felicidad.

En la vida que lleva Amma podemos ver un significado muy diferente de la palabra «igualdad». La igualdad con la que se supone que todos nacemos se vuelve muy desigual a medida que vamos creciendo. Ya desde la niñez sufrimos por el favoritismo y la discriminación. Sin embargo, la igualdad que Amma encarna es siempre la misma, no solo con los seres humanos, sino incluso con las plantas y los animales. Como se identifica con la Vida y la Conciencia Universal, ve ese principio en todo y eso se expresa como un amor ecuánime y sin deseos.

La visión de la Unidad que tiene Amma es justo lo contrario del egotismo y el egoísmo.

> Egotismo: un sentimiento exagerado de vanidad; la práctica de hablar demasiado de uno mismo.
> Egoísmo: el egoísta se pone a sí mismo y sus propias necesidades por delante de todos los demás.

Ver la Unidad en la diversidad

Los seres como Amma ven la Unidad en la diversidad. Se identifican con todos. Han ampliado su sentido del yo desde un ego minúsculo y limitado hasta el Ser Infinito mediante la completa renuncia a la individualidad y todas sus manifestaciones, como el deseo y el miedo, etc.

> Es querido quien mira del mismo modo a las personas de buen corazón, los amigos, los enemigos, los indiferentes,

los neutrales, los que están llenos de odio, los familiares, los justos y los injustos.

Bhágavad Guita, capítulo 6, estrofa 9

Esos mahatmas de mente ecuánime han logrado someter la mente errante mediante la práctica repetida y permaneciendo en la conciencia bráhmica. Los seres que han logrado el Autoconocimiento se ven a sí mismos como Brahman y lo ven todo como Eso. El Señor Krishna prosigue:

El Ser en todos los seres, y todos los seres en el Ser: esto lo ve aquel cuyo ser se ha vuelto firme por medio del yoga, que ve lo mismo en todas partes. Para quien Me ve en todas partes y lo ve todo en Mí, Yo no desaparezco, ni él desaparece para Mí. Quien, atento a la unidad, Me adora a Mí, que estoy en todos los seres, ese yogui mora en Mí, sea cual sea su modo de vida. Quien, al compararlo consigo mismo, ve lo mismo en todas partes, oh Árjuna, ya sea placer o dolor, a él se le considera el más grande de los yoguis.

Bhágavad Guita, capítulo 6, estrofas 29-32

Esta última estrofa se parece a una enseñanza de la Biblia llamada la Regla de Oro o la Ética de la Reciprocidad, que dice una de estas dos cosas:

Hay que tratar a los demás como nos gustaría que nos trataran a nosotros / No hay que tratar a los demás como no nos gustaría que nos trataran a nosotros.

Claro que este es un consejo moral más que una experiencia nacida de la Unidad.

Meditación en Amma

Amma no habla mucho acerca de sí misma, pero si estudiamos la Bhágavad Guita nos podemos hacer una idea de su experiencia interior y de la meta hacia la cual debemos dirigir nuestros esfuerzos. El recuerdo de Amma, la devoción y el amor a ella van eliminando los pensamientos y sentimientos inútiles de nuestra mente. Quizás empecemos a notar que las situaciones que antes nos molestaban ya no lo hacen. Mientras hablamos o nos relacionamos con otras personas tenemos presente el ejemplo y las palabras de Amma. Poco a poco, nuestro ego se va purificando y va reflejando la personalidad de Amma. El «yo» va siendo reemplazado por el «Tú». Las acciones de Amma van reemplazando las nuestras, y lo mismo ocurre con los pensamientos. En nuestra mente va apareciendo una sensación de desapego y, con ella, un sentimiento de paz. Mucho más adelante, sentimos confianza en nosotros mismos por ser un reflejo de ella y, a medida que vamos sintiendo más la presencia de Amma dentro de nosotros, los miedos van perdiendo fuerza. Dejamos de hablar de la humildad pero nos volvemos realmente humildes. Nuestro ego se vuelve transparente y suave y sentimos a Amma como la realidad inmutable que está detrás de la mente. Nos convertimos en nada y ella se convierte en todo.

Devoción fanática y sanátana dharma

Hay una etapa en la vida espiritual en la que un devoto se vuelve intolerante con los que son diferentes de él. A veces, cuando una persona empieza a tener fe en un guru, una escritura o una religión, se vuelve fanático de ellos, estrecho de miras. Es natural, porque está convencido de la grandeza de la nueva forma de vida que acaba de descubrir. De hecho, esa actitud ayuda mucho en una determinada etapa de la vida espiritual. Es bueno que nos centremos en una sola cosa, porque eso nos evita distracciones y nos libra de ser tibios, endebles o carecer de carácter o de meta en nuestra práctica. Es muy común entre los devotos el que vayan de áshram en áshram o de guru en guru; pero al final hay que quedarse con un solo maestro y una sola práctica. Como suele decirse: si quieres agua, debes cavar en un solo lugar hasta que la encuentres.

Una de las cosas sublimes del *Sanátana Dharma* —o hinduismo, como se lo llama comúnmente— es la aceptación de todas las concepciones de Dios y de todos los caminos que llevan a Él. Basta con mirar la aceptación universal que Amma encarna. Ella no es intolerante ni estrecha de miras. Debemos dedicarnos profundamente a nuestro propio camino y, al mismo tiempo, ser tolerantes con los caminos de los demás. Para ser así hace falta destreza y madurez.

Una asesora de servicios de telecomunicación vino al áshram de San Ramón. No estaba interesada en temas espirituales, pero al ver la enorme imagen de Amma en la pared se quedó mirándola y siguió haciéndolo mientras me hablaba de los teléfonos. Era obvio que tenía curiosidad por saber quién era Amma.

—¿Quién es esa mujer? —me preguntó.

—Bueno, es una santa de la India, en algunos aspectos parecida a la Madre Teresa —le contesté. Esta referencia me parece una buena manera de introducir a Amma a las personas que no saben nada acerca de la espiritualidad india, porque la Madre Teresa es una figura muy conocida en el mundo y también se la considera una santa.

—¿Ah, sí? ¿Cree Amma que Jesucristo es el único Hijo de Dios? —me preguntó.

No esperaba esa pregunta. Tuve que pensar una respuesta rápidamente.

—Ella cree que Jesucristo es uno de los hijos de Dios, pero no el único hijo de Dios.

—¿Cómo puede ser?

—Bueno, solo piénselo. Los seres humanos han existido desde hace miles de años. ¿Es posible que en todos estos años Dios solo haya tenido la bondad de encarnarse una sola vez y que todas las personas que han nacido después tengan que creer en esa única encarnación, y que no se salve ninguna de las que vivió antes de eso, solo por tener la mala suerte de haber nacido en el momento equivocado? Yo creo que Dios, que es infinito y eterno, debe manifestarse de vez en cuando para ayudar cuando las cosas se ponen realmente mal, y que Jesús era una de esas encarnaciones de Dios.

—Vaya, nunca lo había pensado de esa manera. Eso parece muy lógico —me dijo.

Después hablamos sobre Amma. Al final, me miró complacida y dijo:

—Voy a intentar hacerles el descuento máximo, aunque me bajen la comisión.

Le alegraba mucho saber que hoy en día todavía había una persona como Amma en la Tierra. No sé si al final iría o no a ver a Amma, pero al menos recibió el darshan de Amma por medio de una foto. A diferencia de otras personas, ella tenía una mente abierta.

Es posible que os sorprenda saber que incluso entre los devotos hindúes también hay personas que discuten sobre su concepto de Dios. Lo creáis o no, hace cientos de años diferentes sectas llegaban a luchar y a matarse unas a otras por devoción a su Dios. Eso ya no ocurre tanto actualmente.

El shaiva y el váishnava

Había una vez dos devotos que caminaban por la calle en direcciones opuestas cuando se puso a llover copiosamente. Al lado de la carretera solo había una vieja casa en ruinas, por lo que ambos entraron corriendo en ella y se sentaron en una de las habitaciones a esperar que dejara de llover. Uno de ellos, Shivadás, era un shaiva, un devoto del Señor Shiva. ¿Cómo se sabe si alguien es un devoto de Shiva? Porque en la frente llevan tres franjas horizontales de *bhasma* o ceniza. El otro hombre, Vishnudás, era un váishnava, un devoto del Señor Vishnu, y tenía lo que llaman un *námam*, que son tres líneas verticales dibujadas en la frente. Se miraron mutuamente y decidieron que, debido a sus creencias, no iban a tener nada que ver uno con el otro. Después se sentaron dándose la espalda para no tener que ver al Dios del otro. Qué locura, ¿no?

Pero, ¿cuánto tiempo podían quedarse así? Tendrían que acabar hablando, es lo natural. ¿Y qué dijeron? ¿Qué otra cosa podría ser? ¡Intentaron convencerse el uno al otro de la superioridad de su Dios!

Vishnudás dijo:

—Mira, mi Dios vertical sostiene la casa en la que tú te estás refugiando. ¿Ves las paredes? Son verticales como mi Dios.

Shivadás no iba a escuchar eso y quedarse con los brazos cruzados, así que dijo:

—Tu pobre Dios es una bestia de carga. Lo único que sabe hacer es cargarse cosas a la espalda. Mira a mi Dios: es el Dios horizontal y descansa felizmente sobre tu Dios —y señaló las vigas de madera que cruzaban el techo.

Vishnudás tenía que responderle algo, así que dijo:

—Si dices eso es que eres una persona de mente muy estrecha. Mira a mi Dios vertical. Mira esas vigas verticales que están descansando sobre los travesaños. Ahora admite que mi Dios vertical es mayor que tu Dios horizontal.

Entonces Shivadás se sintió muy molesto; no iba a aceptar algo así, por lo que le preguntó:

—¿Es que no tienes ojos? ¿No ves que sobre tu Dios vertical también hay un Dios horizontal? ¡Los bambúes están sosteniendo el techo!

No había nada más dentro de la casa para poder seguir discutiendo, de modo que Vishnudás salió a la lluvia y, mirando hacia el tejado, dijo:

—Mira, sobre el tejado, encima de los bambúes, hay tejas verticales, así que mi Dios vertical es mucho mayor que tu Dios horizontal. Yo gano.

Entonces Shivadás salió, y mirando hacia arriba vio que, efectivamente, lo más alto que había sobre el tejado eran las tejas y que encima de ellas solo estaba el cielo, y nadie sabe si eso es un Dios horizontal o un Dios vertical, por lo que se enfadó muchísimo. Se subió al tejado y empezó a tirar todas las tejas, diciendo:

—¡Te voy a dar una lección sobre la clase de Dios que tienes!

Al ver eso, Vishnudás rompió los bambúes. Entonces Shivadás rompió los travesaños y Vishnudás rompió las vigas. Por último, Shivadás derribó las paredes y así quedaron los dos sentados y agotados bajo la lluvia, felices ambos por haber ganado la discusión destruyendo completamente la casa.

Es realmente absurdo discutir sobre qué Dios es más grande o qué guru es el mejor. Probablemente Dios se ríe de nosotros ya que todos nosotros ignoramos por completo la verdadera naturaleza de Dios y del guru. Dios no es una persona como nosotros. Dios es *Akhanda Satchitananda*, la Existencia-Conciencia-Bienaventuranza Indivisible, el Ser de todos. No hay nada separado de Él.

CAPITULO DIEZ

El monte Everest de la espiritualidad

La vida espiritual es en cierto modo como escalar el monte Everest. Requiere un esfuerzo y una atención constantes, casi sobrehumanos. Es una empresa de vida o muerte. Hay que estar muy atento en todo momento y sortear todos los escollos, porque el menor desliz nos puede llevar a la muerte. Sobre todo, es imprescindible tener un guía con experiencia. No es algo para todos, pero sí que es lo que más merece la pena para quien esté obsesionado con el deseo de disfrutar de las magníficas vistas que se ven desde la cumbre.

El antiguo sabio Nárada, además de ser un alma de Conocimiento, era un gran devoto. Escribió un tratado acerca de todo lo que tiene que ver con la devoción o *bhakti*. Se llama *Nárada Bhati Sutras*. Un *sutra* expresa la esencia de una idea inmensa. Nos advierte de algunos de los obstáculos que pueden aparecer en el camino espiritual y nos instruye sobre lo que hay que hacer para alcanzar el estado de Amor Divino. También hace hincapié en las cosas que no hay que hacer, lo que es igual de importante. Tenemos que ser plenamente conscientes de ambas cosas. Como somos animales sociales, debemos estar particularmente atentos a los peligros que conlleva relacionarnos con personas cuya compañía hará que caigamos. No hay que pensar: «Tengo tanta devoción que ni las palabras ni los pensamientos de las demás personas podrán afectarme». No solo nos puede afectar lo que la gente dice y piensa, sino también sus vibraciones y la comida que nos puedan dar.

> Huye por todos los medios de las malas compañías, porque hacen que se despierten el deseo sexual, la ira, el engaño, la pérdida de memoria, la pérdida del discernimiento y, finalmente, el desastre total. Aunque al principio son como pequeñas ondas, se vuelven como las olas del mar por culpa de las malas compañías.
>
> Nárada Bhakti Sutras, estrofas 42-45

Amma dice que tenemos que proteger con mucho cuidado la tierna planta de la fe y la devoción mediante la valla de la disciplina:

> No dejes que tu cuerpo se vea afectado por las vibraciones negativas. Un sádhak no debe mirar fijamente a nadie. No hables demasiado. Hablando se pierde mucha energía vital. Es muy conveniente que el sádhak no se relacione con otras personas. Aunque se dice que todos somos seres humanos, ¿son todos los seres humanos iguales? Unos son ladrones, algunos son inocentes, y otros compasivos. Si el sádhak se mezcla con aquellos que carecen de cultura espiritual, seguro que se verá perjudicado. Si vivimos en contacto cercano con un leproso, ¿no nos veremos afectados por esa misma enfermedad? Es necesario seguir todas estas normas durante el periodo de sádhana antes de alcanzar jivanmukti, la liberación. Al principio, el sádhak necesita mucha atención exterior para resistir y superar los obstáculos. En un áshram o monasterio, la disciplina y un programa regular son indispensables. Los seres humanos necesitan un

camino. Los pájaros no. Un avatar o un jivanmukta, un sabio liberado, no necesitan un camino. Pero nosotros solo podemos proceder siguiendo las normas y reglas que nos indican las escrituras y los grandes maestros. A un no dualista le puede parecer que todas estas prácticas representan una especie de debilidad, pero esas personas solo saben hablar de la no dualidad. Todos aquellos que realmente llegaron a la meta eran personas que habían tenido esa disciplina.

Una disciplina tan intensa puede no ser realista ni posible para todos los sadhaks. Muchos tienen que moverse por el mundo para ir a trabajar o a la escuela. Lo ideal sería que todos nuestros amigos cercanos estuvieran en el camino espiritual, pero a veces eso es imposible. Por supuesto, para cuando sigamos seriamente el camino espiritual, la mayoría de nuestros amigos mundanos nos habrán dejado. En cualquier caso, debemos ser conscientes de si las compañías que frecuentamos están perjudicando nuestra fe y devoción. La fe y la devoción no desaparecen porque sí. Siempre hay una causa, y eso es lo que debemos entender y evitar.

En 1978 fui a los Estados Unidos para que me hicieran un tratamiento médico durante seis meses y viví con mi madre física, porque no conocía a nadie más allí. Eso fue justo antes de irme a vivir con Amma. Por entonces, llevaba unos diez años en la India. En ese momento, creía que tenía una fe y un desapego muy fuertes. En 1967 había decidido que el camino espiritual era la única vida posible para mí y que sería un monje célibe el resto de mi vida. No era que nadie me hubiera convencido. Ni siquiera había leído ningún libro que recomendara vivir así. Esa convicción se fue desarrollando sola y me parecía que no había otra forma de vida posible para mí. No estoy diciendo que sea la única manera de vivir para un aspirante espiritual, pero no tenía ninguna duda de que era mi camino.

Pensamientos insidiosos

Así que fui a distintos médicos y me sometieron a distintas clases de tratamientos, pero no mejoraba. Después del quinto mes, me di cuenta de que mi mente estaba cambiando. Empecé a pensar de una manera atípica para mí: «¿Por qué estoy viviendo así? ¿Por qué me estoy haciendo sufrir tanto? He dejado todo, toda la felicidad y el placer mundano, pero, ¿para qué? Como había oído que hay un estado de felicidad mucho mayor que el que da cualquier placer mundano y que es posible alcanzarlo, he sufrido durante diez años buscándolo. ¿Y cuál es el resultado? Me paso todo el tiempo enfermo, en cama. ¡Qué tonto soy! ¡Qué desperdicio de vida! Debería haber escuchado a los que me decían que sería más feliz llevando una vida mundana».

Al momento siguiente —y esto sólo pudo deberse a la gracia de mi guru— pensé: «¿Por qué estoy pensando así? ¿Qué me ha pasado? Cuando estaba en la India no tenía estos pensamientos. No hay otra forma de vida para mí. Ya he pasado por la vida mundana y he visto su egoísmo y su trivialidad. No pienso volver a eso. Una persona que ha ido ya a la universidad, ¿vuelve al instituto para seguir estudiando? ¿Cómo han entrado en mi mente pensamientos tan contradictorios? ¿Tengo deseos o ambiciones insatisfechos?».

Intenté entender lo que estaba sucediendo y, por fin, me di cuenta de que el clima del ambiente y las personas mundanas estaba afectando y socavando profundamente mi naturaleza espiritual. Todas las personas con las que me encontraba me sugerían sutil o abiertamente que si llevara una vida «normal», todas mis dolencias físicas desaparecerían y sería feliz. Uno de esos amigos, bien intencionado pero equivocado, llegó a proponerme que fuéramos a la frontera de México para pasar un tiempo con una prostituta.

En ese momento, estaba tan enfermo que ni siquiera podía incorporarme en la cama. No podía caminar diez pasos, pero decidí: «Si voy a morir, no va a ser aquí. Va a ser con una actitud mental espiritual y en un ambiente espiritual. Prefiero morir que desperdiciar esos diez años de sádhana agotadora». Descolgué el teléfono y reservé un billete de avión de vuelta a la India para el día siguiente. Después de conseguir de algún modo llegar a la India, recuperé el estado mental espiritual anterior. Me había dado cuenta de que todo nos afecta: la comida, la compañía, la conversación, el ambiente... Por muy fuertes que nos consideremos mental y espiritualmente, el ambiente siempre es más fuerte que nosotros, para bien o para mal. Sobre todo, me di cuenta de que mi guru me había salvado de una situación de peligro a pesar de mi ignorancia.

La historia de Vipranaráyana

Después de regresar a la India, conocí una historia que me recordaba en muchos sentidos mi amarga experiencia. Contenía muchas lecciones espirituales. Era la historia de Vipranaráyana, un gran devoto que había vivido en Tamil Nadu en el siglo VIII.

Vipranaráyana nació en una familia de sacerdotes y creció estudiando los Vedas y otras escrituras. También fue un gran poeta y un gran músico. Había decidido ser un *náishtika brahmachari*, es decir, permanecer soltero toda la vida. Se daba un baño en el río todas las mañanas, hacía mantra japa y adoraba al Señor Vishnu bajo la forma del Señor Ranganatha. Compró un gran terreno cerca del templo del Señor Ranganatha para construir un áshram y plantó allí un hermoso jardín de flores. Iba a recolectar flores todos los días y hacía una gran guirnalda en el templo para el Señor. Mientras le cantaba al Señor, entraba en un profundo estado de devoción y dejaba de ser consciente del mundo.

Un día, cuando regresaba a su áshram en su habitual estado de embriaguez divina, dos bailarinas o *devadasis*, que también eran prostitutas, se inclinaron ante él y esperaron sus bendiciones. Vipranaráyana ni siquiera fue consciente de ellas y siguió caminando. Una de ellas, Devadevi, se ofendió muchísimo por lo que consideró un desaire. Era famosa como la más bella y la mejor bailarina del reino. Por eso, también era muy orgullosa. Se volvió hacia su hermana y le dijo:

—¿Quién se cree este hombre que es para ignorarme y seguir caminando? Yo soy la mujer más bella del reino. ¡Cómo se atreve!

—No hermana, es un gran devoto y seguramente ni siquiera nos ha visto. Ven, vámonos a casa —respondió su hermana.

—¡De ninguna manera! ¡No pienso aguantar este insulto como una cualquiera! Apuesto a que puedo hacerle mi esclavo en unos días —dijo Devadevi.

—Por favor, hermana. Vámonos a casa. Si intentas destruir a este gran devoto, sin duda recibirás algún castigo terrible —le dijo su hermana.

Pero Devi no cedía. Se fue con su hermana planeando su venganza todo el camino de vuelta a casa.

Cuando llegó a casa, Devi se vistió como una devota del Señor Vishnu: toda de blanco, con una *túlasi mala* alrededor del cuello, pasta de sándalo en la frente y, como era una experta en el arte de la música, crótalos en las manos.

Caminó hasta la puerta del áshram de Vipranaráyana y se sentó allí cantando canciones devocionales. Cuando él llegó, como de costumbre, ni siquiera notó su presencia y entró en el jardín.

Eso mismo volvió a ocurrir un par de días más, pero Devi no se desanimaba. El tercer día, la dulce música de su voz le hizo salir a Vipranaráyana de su ensueño devocional. Se quedó escuchando durante un buen rato y, al final, le preguntó quién era y por qué estaba sentada delante del áshram. Ella respondió:

—Nací en un burdel. Mi madre quería que yo también me vendiera por dinero, pero me negué. He sido devota del Señor Ranganatha desde que era pequeña. Mi madre me dio una paliza y me encerró en una habitación. Me escapé y fui corriendo al río para ahogarme. Ya no quería vivir más. Justo cuando estaba a punto de tirarme al río, apareció el Señor Ranganatha con la diosa Lakshmi y me dijo que viniera a tu áshram y que me darías refugio. Por eso he venido. Por favor, no me eches.

Después de oír su historia triste pero asombrosa, él le dijo que podía quedarse en una cabaña que había en el jardín. Su criado le advirtió de que ella solo le iba a traer problemas, pero él no quiso escucharle. Vipranaráyana dijo que ella podía quedarse como jardinera. A medida que los días pasaban, hablaba con ella cada vez más frecuentemente, escuchaba su música y sin darse cuenta comenzó a apreciar su belleza y su dulzura. Harto de toda la situación, el criado se fue.

Una noche, cayó un fuerte aguacero y la cabaña de Devadevi se derrumbó. Ella vio que esa era la oportunidad que estaba esperando para llevar a cabo su plan: se dirigió a la habitación de Vipranaráyana y se quedó de pie en el porche. Finalmente, él la vio y le dijo que entrara. Al ver que estaba empapada, le dio una de sus telas y le dijo que se cambiara. Como la habitación era muy pequeña, le dijo que ella podía descansar en una esquina y que él se quedaría en la otra. Para resumir una larga historia, al cabo de un rato ella se ofreció a masajear sus pies doloridos, a lo que él accedió, y poco después se estaban abrazando.

Devadevi había ganado. Dejó el áshram y se fue a su casa, con gran dolor de Vipranaráyana, cuya mente y corazón había hechizado. Él dejó de visitar el templo y de hacer guirnaldas de flores para el Señor con las flores de su jardín. La ofrenda de flores al Señor se acabó por completo. Solo se acordaba de Devadevi. Por fin, no pudo soportarlo más y fue a su casa pidiendo que lo dejaran entrar. Al ver que no tenía dinero, la madre de Devadevi echó a Vipranaráyana de su casa diciéndole:

—No vuelvas hasta que puedas pagar por ello.

Lamentablemente, en ese momento Devadevi se dio cuenta de su error y se enamoró de Vipranaráyana, que yacía llorando en el porche de su casa.

Esa misma noche, el Señor, que había visto todo lo ocurrido, decidió que era hora de salvar a sus devotos. Tomó la forma del sirviente de Vipranaráyana y llamó a la puerta de Devi. Cuando la madre abrió, le dio un cuenco de oro macizo y le dijo que era el sirviente de Vipranaráyana y que el tazón era para pagar los deseos futuros de Vipranaráyana.

A la mañana siguiente, temprano, cuando se abrieron las puertas del santuario interior del Señor Ranganatha, los sacerdotes se sorprendieron al ver que faltaba un cuenco de oro. La cerradura de las puertas del santuario estaba intacta. No había nada roto. Si hubiera entrado un ladrón, las cerraduras habrían estado rotas y las puertas abiertas; pero no era así y no faltaba nada más.

Inmediatamente se informó al rey del caso, y este envió a sus soldados a buscar el cuenco de oro. Tras una larga búsqueda, los soldados lo encontraron en la casa de Devadevi que, al ser preguntada, respondió:

—Me lo dio el sirviente de Vipranaráyana.

Cuando los soldados le informaron al rey, este no podía decidir sobre el caso porque parecía que nadie había roto la cerradura del templo y robado el cuenco de oro. ¿Cómo entonces pudo llegar a manos de alguien que decía ser el sirviente de Vipranaráyana? Sin embargo, en esas circunstancias se vio obligado a ordenar que Virpranaráyana fuera arrestado y que le cortaran las manos. En aquellos días, los reyes eran temerosos de Dios y seguían el camino del dharma. Por eso, el Señor se le apareció al rey en un sueño y le dijo:

—Vipranaráyana no es culpable de haber robado el cuenco de oro. Fui yo quien lo llevó a la casa de Devadevi.

El rey ordenó inmediatamente la liberación de Vipranaráyana. La noticia de que el Señor se le había aparecido en sueños al rey para hablarle de la inocencia de Vipranaráyana se extendió como un reguero de pólvora. Cuando llegó a oídos de Vipranaráyana, este se sintió aturdido y avergonzado.

—¡Oh, qué grande es el Señor! Por el bien de un devoto ha llegado a llamar a la puerta de una prostituta.

Lleno de remordimiento, fue corriendo al templo y clamó amargamente:

—Yo te había estado sirviendo, oh Señor, pero lo dejé todo por la encantadora compañía de Devadevi. Fui tan iluso, que ni siquiera hice caso al consejo de mi sirviente y de otros amigos. Por favor, perdóname.

Finalmente, Devadevi también se dio cuenta de su insensatez y pasó el resto de su vida realizando prácticas devocionales.

No hay que pensar nunca que uno no necesita las reglas de disciplina. El falso orgullo, las malas compañías y un entorno mundano han significado la ruina de muchos devotos.

CAPÍTULO ONCE

La sed de conocer a Dios

L
a sed de conocimiento espiritual es la cualidad más rara en el ser humano. El Señor Krishna dice en la Bhágavad Guita:

Entre millares de personas, tal vez una busque la Perfección. E incluso entre los que se esfuerzan y son perfectos, quizá solo uno Me conozca de verdad.

Capítulo 7, estrofa 3

En el *Vivekachudámani de* Shankaracharya se dice:

Hay tres cosas que son muy poco comunes y que solo se consiguen por la gracia de Dios: un nacimiento humano, el anhelo de liberación y el cuidado protector de un sabio perfecto.

Estrofa 3

El mumukshutva o anhelo de Liberación es el deseo de liberarse de todas las ataduras por la comprensión de la verdadera naturaleza de uno mismo. Las ataduras, desde la del egoísmo a la del cuerpo, son atribuidas por la ignorancia.

Un discípulo se acercó a un guru con Conocimiento y le dijo:
—¡Oh, maestro, oh amigo de aquellos que se postran ante ti, oh océano de misericordia! Estoy caído en este mar del nacimiento y la muerte. Sálvame con una

mirada de tus ojos que emanan una gracia suprema semejante al néctar.

«No sé nada de cómo cruzar este océano de la existencia fenoménica, cuál será mi destino ni de qué medios he de valerme. Por favor, sálvame, ¡oh, Señor!, y descríbeme ampliamente como acabar con la miseria de esta existencia relativa.

—¡Bendito eres! —respondió el guru—. Has alcanzado la meta de la vida y has santificado a tu familia por querer lograr el conocimiento de Brahman liberándote de la atadura a la ignorancia.

Vivekachudámani, estrofas 35, 40, 50

Uno se puede preguntar: ¿qué puedo hacer para despertar esa sed en mí? Un medio poderoso para inspirar a aquellos que aspiramos a la Experiencia Divina pero que no podemos hacer un esfuerzo intenso, es relacionarnos con mahatmas mediante su presencia viviente o leyendo y escuchando sus historias. Para un sádhak, la parte más importante de la historia de vida de un mahatma es cuando adquirió el desapego, o *vairaguia*, respecto a las relaciones mundanas.

El primer paso hacia la Liberación es vairaguia (el desapasionamiento o desapego). Luego le pueden seguir la calma, el autocontrol, la fortaleza y la renuncia a la actividad.

Vivekachudámani, estrofa 69

Los mahatmas dicen que una de las principales razones por las que no sentimos un anhelo intenso del conocimiento espiritual son los apegos que sentimos por todo lo perecedero. En otras palabras, nuestra atención y nuestra energía se dirigen principalmente hacia objetos terrenales. Nuestra mente está donde está nuestro corazón.

La sensación del verdadero desapego o desapasionamiento se parece a cuando un avión está en la pista a punto de despegar. En ese momento, el avión está absolutamente listo para abandonar la tierra y volar hacia el cielo. Eso mismo parece ocurrir cuando se empiezan a ver los defectos de una existencia mundana y se siente la inevitabilidad de la muerte.

Buda

Casi todo el mundo conoce la historia de Buda. Era un príncipe que vivió hace más de 2500 años en lo que ahora es Nepal y, como la mayoría de los príncipes, llevaba una vida de placer y de lujo. Por casualidad, tuvo la ocasión de ver cómo era la vida fuera del palacio y le afectó mucho. Vio a ancianos, a personas enfermas, a personas muertas y también a un asceta. Nunca había visto esa clase de personas en el interior del palacio. Por supuesto. Su padre, el rey, se había asegurado de que fuera así. Cuando nació Siddhartha (que era el nombre que se le dio al nacer), un astrólogo dijo que podría llegar a ser un gran *sannyasi* o asceta y renunciar al mundo para convertirse en un sabio. Su padre, que era un hombre ignorante espiritualmente, no quería que eso sucediera. Quería que Siddhartha le sucediera en el trono. El rey pensó que si su hijo siempre se estaba divirtiendo y no experimentaba ninguna clase de sufrimiento, ni propio ni ajeno, nunca sentiría el desapasionamiento. Pero, como dice una sabia máxima:

> Dios determina todos los destinos de las almas según sus acciones pasadas. El fin que está destinado a no ser alcanzado, nunca lo alcanzará nadie, por mucho que lo intente. Todo aquello que esté destinado a suceder algún día, sucederá, por mucho que se intente evitarlo.

Eso es seguro. Al final se comprende que lo mejor es permanecer en silencio.

Shri Rámana Maharshi

Amma dice que, desde su experiencia, nuestra verdadera naturaleza es conciencia, pero que nosotros, nuestra alma, ahora estamos apegados a un cuerpo y nos identificamos con él. Por los sentidos de ese cuerpo experimentamos el universo en el que está y olvidamos casi totalmente lo que realmente somos. «Casi», porque, como la conciencia también es dicha, instintivamente buscamos una felicidad interminable e ininterrumpida; pero, desagraciadamente, esa felicidad siempre está mezclada con dolor porque la buscamos en los lugares equivocados.

Nos bombardean las veinticuatro horas del día no solo con los objetos del mundo sino, aún peor, con ideas y metas mundanas. Hoy en día, vivamos en el país en que vivamos, desde el momento en que podemos entender el lenguaje, aprendemos inconscientemente la idea que nos trasmiten la familia, la sociedad y los medios de comunicación de que la felicidad se consigue mediante el placer. Nadie parece darse cuenta o mencionar la parte del dolor.

La mayoría de las almas experimentan repetidas veces los sufrimientos que la vida puede y debe conllevar antes de empezar a despertar del sueño de la existencia mundana. A menudo, eso requiere pasar muchas vidas, vidas de placer mezclado con dolor. En algún momento, el *jiva* o alma individual se sentirá insatisfecho del placer y estará cansado del dolor. Por la gracia de Dios, se le presentará el evangelio del Autoconocimiento o el camino de la devoción y verá en ellos la solución a su situación. Por eso es tan importante el sátsang.

A Siddhartha el sátsang le llegó de la mano del ministro que lo sacó para que viera el mundo. En respuesta a las preguntas de

Siddharta, se le dijo que a él también le pasarían las cosas horribles que estaba viendo. Eso le afectó mucho y perdió el gusto por todas las cosas del mundo. Tenía una bella esposa, un hijo pequeño y todo lo que un joven puede desear, pero nada tenía sentido alguno para él después de haber visto el lado inevitablemente doloroso de la vida y de comprender que también le ocurriría a él. Sin embargo, no lo «barrió debajo de la alfombra», como hace la mayoría de la gente. Pensaba que tenía que hacer algo al respecto, y que no era seguir buscando aún más el placer para aliviar el dolor y el miedo.

A primera vista, su repentino desapasionamiento es un suceso realmente extraño. La mayoría de las personas ven muchas cosas dolorosas e incluso sufren mucho en sus vidas, pero no se hartan de todo y se vuelven hacia el interior para solucionarlo. Sus apegos impiden que suceda nada parecido. Aquellos que se despiertan rápidamente del sueño de la vida mundana, lo hacen sin duda porque ya habían logrado el desapego y realizado prácticas espirituales en sus vidas anteriores. En respuesta a la pregunta de Árjuna respecto a lo que le sucede a un aspirante que no se esforzó lo suficiente en su vida anterior y, por eso, no alcanzó la meta del conocimiento del Ser, el Señor Krishna dice:

> Después de alcanzar los mundos de los justos y habitar allí durante innumerables años, el que se desvió del yoga nace en la casa de personas puras e ilustres.
>
> O también puede nacer en una familia de yoguis sabios, aunque este nacimiento es muy difícil de conseguir en esta Tierra.
>
> Ahí recobrará el mismo nivel de Unión que su intelecto había adquirido en el cuerpo anterior y, por eso, se esforzará aún más por alcanzar la Perfección. La práctica anterior le llevará irresistiblemente a ello.

El yogui que se esfuerza con celo, purificado y perfeccionado durante muchas vidas, llega así a la Meta trascendente.

Bhágavad Guita, estrofas 41-43, 45

La historia del devoto de la diosa Kali

Hay una historia interesante que sirve de ejemplo de esta verdad: Había una vez un sadhu, un devoto de la Madre Divina, que estaba haciendo una sádhana muy difícil en la que tenía que sentarse sobre un cadáver en un crematorio, recitar los mantras de la diosa Kali y hacer una puja (adoración) a Kali a medianoche. Había conseguido todos los objetos necesarios para la adoración. Se sentó sobre el cadáver y empezó a hacer japa cuando, de repente, un tigre salió del bosque y se lo comió.

El asistente del devoto, un hombre sencillo pero piadoso, que había ayudado a este sadhu a conseguir y organizar todos los materiales necesarios para la puja, se había subido a un árbol cercano al escuchar un crujido entre los arbustos. Ahora que el sadhu estaba muerto y el tigre se había marchado, aunque todavía estaba espantado por lo que había pasado, pensó: «No debo desperdiciar todos estos materiales de puja tan costosos ni la rara oportunidad de disponer de un cadáver». Así que bajó y se sentó sobre el cadáver para hacer los rituales.

Inmediatamente, la diosa Kali apareció ante él en toda su gloria y le dijo:

—Yo te bendigo, hijo, con el mayor logro, que es el conocimiento de Dios.

—Madre —dijo sorprendido—, mi amigo trabajó muchísimo para conseguir todos los objetos necesarios para la puja, y hacía la adoración con una gran destreza y delicadeza; sin embargo fue devorado por un tigre. Y yo, que no sé nada, simplemente me senté sobre el cadáver pensando qué hacer a continuación. Ahora me pregunto por qué yo he obtenido tu darshan y él está muerto.

Kali le respondió:

—En tu vida pasada fuiste un gran devoto e hiciste muchas tapas. Habías terminado este mismo ritual cuando, desgraciadamente, un tigre hambriento apareció y te comió, y por eso recibes en esta vida el fruto de tu devoción, el conocimiento de Dios. Tu amigo, por el contrario, todavía tenía una gran cantidad de impurezas mentales, por lo que tendrá que volver y trabajar aún más intensamente que antes.

Siddhartha también vio a un yogui durante sus salidas del palacio. Su compañero le dijo que el yogui era una persona que buscaba encontrar la solución del temor a la vejez y a la muerte. Pensando en eso y en todo lo demás que había visto en sus salidas, Siddharta abandonó el palacio cuando tenía treinta años, se fue a un bosque y dedicó todo su tiempo al tapas. Había llegado a la conclusión de que solo el Estado Inmortal resolvería sus problemas y su insatisfacción. Probó muchas formas de sádhana espiritual, pero nada le proporcionó la Iluminación que buscaba. Estuvo a punto de morir por la dureza de sus prácticas ascéticas bajo la forma de ayuno y otras privaciones, pero finalmente llegó a la conclusión de que debía avanzar por el camino medio, dándole al cuerpo lo que necesitaba y siguiendo con la sádhana. Por último, se sentó bajo una higuera de Bengala en el actual Bodhgaya y adoptó una decisión firme: «No me levantaré hasta que me haya iluminado».

Con una tremenda fuerza de voluntad y la concentración en un solo punto que había adquirido como resultado de su intensa sádhana, la mente se fundió con su fuente, el Ser Universal. Este logro supremo no es posible a menos que se tenga la intensidad que da la proximidad de la muerte. Al intentar enhebrar una aguja, si una parte del hilo sobresale por uno u otro lado, no lo conseguiremos. Del mismo modo, si hay algún otro pensamiento en la mente cuando estamos intentando entrar en el Corazón, en la morada de la Realidad, fracasaremos. Hay que tener una concentración perfecta, que es el fruto de muchas vidas intentándolo una y otra vez.

Amma dice que si vemos a alguien que tiene un intenso anhelo de Dios, sin lugar a dudas es porque esa persona lo ha adquirido en sus vidas anteriores. Si se progresa rápidamente en la sádhana en esta vida, significa que ya se había hecho sádhana en las vidas anteriores. Hay que intentar inspirarse en esas almas y hacer todo el esfuerzo posible en esa dirección, para que, como ellos, también brillemos en la próxima vida en caso de no alcanzar el Autoconocimiento en la actual.

Por supuesto, el esfuerzo personal es sumamente importante, pero aún lo son más las bendiciones y la gracia de un mahatma. La verdadera fuerza de la inspiración y la perseverancia vienen de ahí. No podemos llegar a la meta espiritual solo con nuestros esfuerzos. ¿Cómo puede el alma ignorante e insignificante trascender su propia mente si no es por la gracia de ese Ser que está más allá de la mente? Hacer sádhana está en nuestras manos y eso es lo que atrae la gracia del guru hacia nosotros. Todos los esfuerzos de purificarse culminan en la bendición todopoderosa del guru.

CAPÍTULO DOCE

La naturaleza de los avatares

Dondequiera que haya un mahatma, la gente se reúne a su alrededor. Las personas se sienten atraídas por ellos como el polvo por un torbellino. Su aliento y hasta la brisa que toca su cuerpo son beneficiosos para el mundo.

Amma

Cuando una flor florece, las abejas acuden a ella. La flor no tiene que llamarlas para que vengan a beber la miel. Tal vez sean guiadas hacia la flor por un aroma sutil. Del mismo modo, cuando la mente pura de una persona florece en el conocimiento espiritual, esa fragancia divina extremadamente sutil atrae a los devotos aunque ellos mismos no sean conscientes de ese hecho. Las multitudes seguían a Cristo dondequiera que fuera, y lo mismo puede decirse del Buda. Ahora estamos viendo lo mismo con nuestros propios ojos en el caso de Amma. Es verdaderamente asombroso que Amma, una niña de pueblo desconocida, se haya convertido en una personalidad espiritual y filantrópica de fama mundial en los últimos veinticinco años.

Eso no fue siempre así con Amma, y tal vez nunca lo sea en los primeros años de la vida de los santos. Cuando llegué por primera vez donde Amma, había pequeños grupos los domingos, martes y jueves por la noche para el Bhava Darshan. El resto del tiempo, casi no había nadie. Después de que algunos de nosotros nos asentásemos allí, la gente fue entendiendo poco a poco, mediante sus propias experiencias, que Amma era una personalidad espiritual y no un canal para los dioses como se creía popularmente hasta entonces.

En algunas ocasiones invitaban a Amma a lugares cercanos o a casas de devotos. Una tarde fue a Kol-lam a cantar bhajans en un templo cercano, a unos cuarenta kilómetros del áshram. Allí no había casi nadie excepto dos o tres niños y sus madres. Nos decepcionó mucho que nadie conociera a Amma, pero a la vez nos alegramos porque pensábamos egoístamente que la teníamos toda para nosotros.

En otra ocasión, Amma fue a un lugar llamado Várkala, que está a unas dos horas en coche de su pueblo. Ella se quedó en un pequeño áshram de un devoto en las afueras de la población. Al enterarse de que Amma estaba en el áshram, unas veinte personas de la ciudad fueron a verla. Cuando vimos esa «enorme» multitud sentada alrededor de Amma, nos preocupamos porque no íbamos a poder pasar más tiempo con ella ese día. En aquella época eso era una gran multitud. Al ver nuestra expresión, Amma entendió que estábamos muy preocupados y en el coche de regreso a nuestro áshram nos dijo:

—Llegará el día en que tendréis que usar prismáticos para poder verme.

Eso nos contrarió mucho, porque no entendíamos lo que quería decir. Teníamos la esperanza de que solo estuviera bromeando. En ningún momento nos imaginamos que llegaría a conocerla tanta gente. No pasó mucho tiempo antes de que esas palabras proféticas se hicieran realidad.

En aquellos días, teníamos que ir a invitar a la gente para que viniera a su cumpleaños. Aun así, no habría más de veinte o treinta personas, además de los aldeanos. De repente, un año se presentaron mil personas. Desde entonces, todo ha ido a más.

De hecho, cuando empezaron a llegar más personas, me sentía un poco molesto por mi ignorancia y mi egoísmo. Amma, que comprendía lo que estaba pasando en mi mente, me llamó un día y me dijo:

—Si te molesta ver que vienen más devotos a verme, ¿qué sentido tiene tu estancia aquí? Cuantas más personas vienen aquí, más feliz soy, porque ese es el objetivo de mi nacimiento: estar con tantos devotos como pueda e inspirar a tantas personas como sea posible. Por eso viajo. No tengo nada que conseguir para mí. Todo es para elevar espiritualmente a la gente.

El aliento de vida

Hay una estrofa en el libro del Génesis del Antiguo Testamento que dice:

> Y el Señor hizo al hombre del polvo de la tierra, insufló
> en su nariz el aliento de vida y el hombre se convirtió
> en un ser vivo.

Génesis 2:7

Para las personas actuales de mente racional esto puede sonar como una hipérbole. El hecho es que los seres humanos son una mezcla de tierra, agua, fuerza vital y conciencia.

Es muy interesante observar que, cuando Amma bendice algo, se lo acerca a la nariz, se concentra un momento y después respira sobre ello. Hace lo mismo cuando inicia a alguien en un mantra: respira en la oreja de la persona. Eso puede estar relacionado con lo que dice Amma de que hasta el aliento de un mahatma es purificador. También cuando realiza las ceremonias de consagración de nuevos templos *Brahmasthánam*, toma las flores, respira sobre ellas y después las coloca en la estatua o la imagen. Al parecer, el aliento de un mahatma es un medio muy, muy poderoso del poder y la gracia divinos.

La omnipotencia de un santo

Hijos, Jesús fue crucificado y a Shri Krishna lo mataron con una flecha. Todo eso sucedió por su voluntad. Nadie podría acercarse a ellos sin su permiso. Podrían haber hecho cenizas a los que se les oponían, pero no lo hicieron. Ellos vinieron a mostrar lo que significa el sacrificio.

Amma

La mayoría de nosotros estamos familiarizados con la vida de Jesucristo. En la India se le considera un avatar, es decir, Dios descendido a la Tierra como un hombre. En el Nuevo Testamento, después de que lo hubieran entregado a los romanos para que lo ejecutaran, el arrogante jefe romano, Poncio Pilato, le preguntó a Jesús:

—¿Por qué no me hablas? ¿No sabes que tengo autoridad para soltarte o crucificarte?

—No tendrías ninguna autoridad sobre mí si no te la hubiesen dado desde arriba —respondió Jesús.

En otras palabras: el nacimiento de Jesús, su vida y hasta su muerte fueron la voluntad divina del Padre con el que se identificaba. Nadie tenía el poder de matarlo por su cuenta.

La vida del Señor Krishna

Quizá algunos de nosotros no sepamos mucho acerca del Señor Krishna, aparte de que le expuso a Árjuna la Bhágavad Guita. Era un personaje histórico que, según la tradición hindú, nació hace unos cinco mil años en el Norte de la India. En aquella época se produjo una tremenda guerra entre sus primos los Pándavas, que eran los buenos, y los Káuravas, que eran los malos, y todos los aliados de ambos en toda la India, en la que murieron más de cuatro millones de personas en dieciocho días. Al final de la guerra solo sobrevivieron doce guerreros.

Gandhari, la madre de los Káuravas, creía que Krishna era Dios; pero, aun así, al final de la batalla ella se enfureció y se le enfrentó diciendo:

—Tú eres la causa de la muerte de mis hijos. Podías haber evitado la guerra, pero no lo hiciste. Por eso, los Káuravas casi han sido eliminados. Al igual que mi clan ha sido destruido, dentro de treinta y seis años tu clan también sufrirá la misma suerte, y te maldigo para que tengas la muerte de un animal.

Krishna sonrió con su más dulce sonrisa y dijo:

—Madre, me has liberado de una carga. Mi clan es tan poderoso que nadie en el mundo puede destruirlo excepto ellos mismos. Has resuelto mi problema. En cuanto a mi muerte, que así sea. Acepto tu maldición como si de una bendición se tratara.

Krishna inclinó la cabeza humildemente justo como lo hace Amma. Sea lo que sea lo que le diga la gente, estén contentos con ella o la insulten, baja la cabeza con humildad, aceptándolo todo como la voluntad de lo Divino.

Después de la guerra, Krishna volvió a Duáraka, donde vivían él y su clan, los Yádavas. Un día, cuando habían pasado treinta y seis años, algunos de los jóvenes estaban jugando en un bosque de las afueras de la ciudad. Extrañamente, los chicos, que normalmente se portaban bien, decidieron gastarles una broma a unos sabios que también estaban por allí. Uno de los niños se vistió de niña y se puso un cojín debajo de la ropa para que pareciera que estaba embarazado. Se acercaron a los sabios, se postraron ante ellos y dijeron:

—Oh sabios, que sabéis todo sobre el futuro, por favor, decidnos si esta chica embarazada va a dar a luz a un niño o a una niña.

Si se tratara de Amma, probablemente solo se habría reído y sacado la almohada; pero había una maldición que tenía que cumplirse. Eso hizo que los sabios se enojaran y dijeran:

—Niños irreverentes, esta chica va a dar a luz a un mortero de hierro que provocará la destrucción de vuestro clan.

Al retirar el cojín, allí estaba el mortero para conmoción y terror de los chicos. Muertos de miedo, fueron corriendo a ver al rey llevando el mortero y le contaron lo que había pasado. El rey y los cortesanos decidieron pulverizarlo y echar el polvo al mar. Nadie le dijo a Krishna nada sobre esto, probablemente por miedo a lo que podría llegar a hacer; pero, por supuesto, él ya sabía exactamente lo que acabaría sucediendo.

Después de hacer polvo el mortero, todavía quedaba una pequeña pieza que no pudieron pulverizar. Fueron al borde del mar y lo tiraron todo. El polvo se fue extendiendo por la orilla y acabó llegando a un lugar de la costa llamado Prabhasa, donde se transformó en una hierba especialmente dura y afilada. El pequeño trozo metálico se lo comió un pez que fue pescado por un pescador. Al encontrar el trozo de metal en el estómago del pez, el pescador forjó una punta de flecha y se la dio a un cazador.

En Duáraka, a su alrededor y por encima de la ciudad empezaron a aparecer portentos desfavorables o presagios de muerte. En todas las culturas antiguas, y hasta nuestros días, se ha practicado la ciencia de los presagios. Los diversos presagios y su significado son distintos en cada cultura. Los presagios pueden indicar sucesos futuros positivos o negativos. En la India, la creencia en los presagios forma parte de la vida cotidiana y la mayoría de la gente cree en ellos. La ciencia de los presagios está íntimamente relacionada con la ciencia de la astrología.

Presagios

He tenido dos experiencias interesantes que tenían que ver con los presagios y las creencias relacionadas con ellos. La primera fue cuando estaba viviendo en Tiruvánnamalai en la década de los setenta. Mi jardinero tenía muy buena mano para plantar y hacer crecer cualquier clase de vegetación. Había sido granjero muchos años, pero tras la muerte de su esposa dejó la granja y se trasladó a la ciudad. Cuando estaba buscando un jardinero, alguien me lo recomendó y así es como empezó a trabajar para mí. Realmente, amaba las plantas como a sus propios hijos, y el jardín creció muy bien.

Una parte del jardín la dedicamos a las verduras. Como yo no necesitaba todo lo que producía, les dábamos la mayor parte a los vecinos. Un día fui al jardín para ver cómo estaban creciendo las hortalizas. Vi una enorme calabaza china de más de medio metro de largo. En la India, además de su valor nutricional, se considera que esta hortaliza protege eficazmente de los malos espíritus y del mal de ojo, y por eso la cuelgan en el exterior de las casas y edificios recién construidos. Al agacharme para ver lo pesada que era, sentí como si una gran fuerza me golpeara en la cara y me caí. Me quedé allí tumbado un rato en un estado semiconsciente, hasta que el jardinero se acercó para ver lo que pasaba. Me levantó y me dijo que había que acercarse a esa hortaliza con mucho cuidado.

La otra experiencia la tuve después de llegar al áshram de Amma. Fue alrededor de 1984. Un día llegó un joven y preguntó si podía pasar unos días allí. Le dieron una habitación en la que se instaló. En una conversación me dijo que era experto en quiromancia. Hizo un molde de mi mano y dijo que me diría lo que hubiera visto antes de irse del áshram.

Un par de días más tarde, a eso de las cuatro de la mañana, yo estaba sentado en el porche de la casa de Amma cuando lo vi irse. Lo llamé y le recordé la lectura de mi mano. Me dijo que Amma viajaría por todo el mundo y que yo desempeñaría un papel en la difusión de su nombre. En aquella época venían muy pocas personas al áshram, y desde luego no teníamos dinero para que nadie viajara fuera de la India. En cuanto acabó, una salamanquesa emitió un fuerte sonido de «tic tic».

El hombre señaló con el dedo y dijo:

—¿Has oído eso? Cuando una salamanquesa hace ese sonido después de que alguien ha dicho algo, lo que haya dicho se hará realidad.

Pasaron años hasta que comprobé, con asombro, la verdad de sus palabras.

Al ver tantos malos presagios, Krishna les dijo a las personas reunidas en la corte:

—No debemos quedarnos aquí ni un momento más. Que las mujeres y los niños vayan a Shankhoddhara y los hombres, por la costa, a Prabhasa. En Prabhasa todos debemos darnos un baño y adorar a los dioses, los hombres santos, las vacas y otros animales sagrados. De esa manera, evitaremos todos los peligros y nos aseguraremos un bienestar completo.

Krishna sabía que había llegado el momento de que se cumpliera la maldición. Poco después de llegar a su destino, los Yádavas y todos sus parientes se pusieron a beber un vino muy embriagante. Perdieron el discernimiento, empezaron a discutir y acabaron peleándose violentamente. Cuando se acabaron las armas, usaron la hierba impregnada con el polvo de hierro del mortero. Al final, todos murieron excepto Krishna y su hermano Balarama. Balarama se sentó a meditar y abandonó el cuerpo mientras estaba en samadhi. Krishna se sentó junto a un árbol con el pie izquierdo apoyado en el muslo derecho. Un cazador confundió la planta rosada de su pie con el morro de un animal y le disparó una flecha. La punta de la flecha del cazador era la que le había dado el pescador. Al ver que el Señor estaba herido, rezó pidiendo perdón. El Señor dijo:

—No tengas miedo. Lo que has hecho ha sido porque yo lo había decidido.

Amma dice que nadie tiene poder sobre los avatares. Las cosas que suceden en sus vidas ocurren por su propia voluntad. No nacen completamente impotentes, como nosotros, debido a nuestro karma. Vienen a este mundo por su propia voluntad y se van del mismo modo. No tienen deseos personales. Únicamente les mueve el deseo de poner a las almas en el camino de regreso a Dios.

CAPÍTULO TRECE

El despertar de un largo sueño

En la India a los monjes se los llama *sannyasis*. Sobre ellos, Amma dice:

> Un sannyasi es una persona que ha renunciado a todo; que soporta y perdona las faltas de los demás y los guía con amor por el camino correcto. Es un ejemplo de abnegación. Está siempre feliz y no necesita objetos externos para estar alegre. Se deleita en su propio Ser.

Un sannyasi es alguien que o bien ha experimentado ya los placeres y dolores que la vida ofrece o bien los ha analizado profundamente con el intelecto y, mediante la observación, ha decidido buscar un estado que trascienda ambos. ¿Cómo sabe que existe esa opción? Puede ser por el contacto con un mahatma que haya experimentado la Verdad trascendente o, más probablemente, por el estudio de las escrituras vedánticas que describen y alaban el estado sublime del Autoconocimiento.

El estilo de vida tradicional de la India ofrecía a muchos jóvenes estas posibilidades. El niño debía estudiar extensamente los innumerables aspectos materiales y espirituales de la vida bajo la dirección de un guru instruido. Después solía contraer matrimonio, adquiriendo experiencia mediante la vida de familia a la vez que seguía con sus prácticas espirituales y religiosas. Al final se retiraba al bosque para purificarse de las vásanas (hábitos) mundanas acumuladas en su estilo de vida anterior. Durante ese período, buscaba el Autoconocimiento que había aprendido antes estudiando vedanta.

El sentido de la renuncia

La palabra «renuncia» puede resultar aterradora para la mayoría de la gente. Evoca imágenes como la de abandonar a nuestros seres queridos, mendigar para comer y deambular inacabablemente de un lado para otro en busca de la Iluminación. La mayoría de la gente no tiene una concepción correcta de lo que realmente significa la renuncia. La renuncia es como despertar de un largo sueño. Es como una serpiente que aparece en una pesadilla y te despierta.

Hay una historia de un hombre que se durmió y tuvo un sueño muy desagradable. Soñó que era muy pobre y que para salir de la pobreza tenía que empezar a robar. Se convirtió en un ladrón. Los que lo vieron robando lo denunciaron a las autoridades. Acudió a muchas personas para que lo ayudaran a solucionar su problema. Recurrió a sus amigos, su familia y algunos abogados. Le rezó a Dios. Les rezó a los diferentes dioses. Hizo todo lo que podía, pero no le sirvió para nada. Finalmente, la policía lo capturó y lo metió en la cárcel. Se sentía muy perturbado, muy disgustado. Mientras estaba sentado en la cárcel, profundamente deprimido, una enorme serpiente se metió en su celda y le mordió. Se despertó gritando de dolor.

El nombre de esa serpiente es «renuncia». Cuando esa serpiente nos muerde, empezamos a despertar de este sueño de Maya. La sensación, la profunda convicción de que este mundo es la única realidad, pensar que la felicidad, la paz y dicha, el placer y el disfrute que estamos buscando los podemos obtener en este mundo, todo eso es un largo sueño. Los pocos momentos de felicidad que obtenemos en este mundo nunca duran lo suficiente. La juventud, la diversión y el pasar un buen rato forman parte de la vida. La enfermedad forma parte de la vida. La vejez forma parte de la vida. La muerte forma parte de la vida. Todos tenemos problemas y, al final, todos envejecemos y morimos; no podemos evitarlo.

Entonces, ¿cómo podemos despertar de este sueño? Lo queramos o no, acabaremos llegando naturalmente a un estado en el que el sueño ya no nos dará lo que siempre hemos querido: paz y felicidad. Es algo que, simplemente, sucede; una especie de desarrollo natural.

Supongamos que alguien viene y te pregunta:

—¿Qué clase de coche tienes?

—Tengo un Ford.

—Escucha: te doy un BMW gratis a cambio de tu Ford.

¿Quién lo rechazaría?

Si alguien dice «te voy a dar un trabajo mejor», respondes «de acuerdo». Si alguien dice «te puedo conseguir un novio o novia más dulce y más guapa», tú quizás respondas «muy bien».

Hay muchas posibilidades de mejorar, para conseguir un trabajo mejor o cualquier otra cosa mejor que lo que tenemos. Renunciamos sin esfuerzo a lo que es peor, vale menos o es inferior, y nos decantamos por lo mejor. Es natural y nadie tiene que convencernos para que lo hagamos.

En la verdadera renuncia sucede algo parecido. Durante la peregrinación de vida en vida, en la que participan todos los seres vivos, hacia la fuente en la que todo comenzó, llega un momento en el que solo se quiere experimentar el corazón del propio ser y permanecer en él. Uno se siente realmente desencantado de todo, desde una brizna de hierba al cielo supremo. Parece que nada tiene esencia. Como dice Shri Rámana Maharshi:

> Las aguas se elevan desde el mar como nubes, luego caen en forma de lluvia y corren de regreso al mar en

los ríos. Nada puede impedirles volver a su fuente. De la misma manera, nada puede impedir que el alma que sale de Ti vuelva a Ti, aunque dé muchas vueltas en el camino. Un pájaro que se eleva desde la tierra hacia el cielo no puede encontrar un lugar de descanso en medio del aire, sino que debe volver a la tierra. Del mismo modo, verdaderamente, todos deben desandar su camino y, cuando el alma encuentre el camino de regreso al origen, se hundirá y se fundirá contigo, ¡oh Arunáchala, océano de felicidad!

Ocho estrofas a Shri Arunáchala, 8

Cuando llega ese gran momento en la evolución individual, puede que caiga en nuestras manos un libro, que veamos una foto u oigamos hablar de una persona como Amma o un bhajan suyo en un CD. Algunas personas pueden leer la Bhágavad Guita, la Biblia u otro texto sagrado por primera vez. Se sienten maravillados, como si despertaran después de un largo sueño. «Ajá, esto es lo real. Esta es la verdadera bienaventuranza que he estado buscando, la respuesta a todas mis dudas y sentimientos».

Hay muchas personas que se han acercado a Amma, han puesto la cabeza en su hombro o en su regazo y en ese momento han saboreado una dicha que nunca antes habían experimentado, excepto tal vez cuando eran muy pequeños, la dicha de un bebé en brazos de su madre, despreocupado, tranquilo, feliz. Hasta personas mayores, de setenta u ochenta años, tienen esa experiencia cuando se acercan a Amma. Es algo que parecen haber olvidado, pero no algo que nunca hayan experimentado, aunque hace mucho tiempo, cuando eran unos niños inocentes. Esas personas afortunadas adquieren una inclinación natural a experimentarlo una y otra vez, y poco a poco pierden el gusto por otras fuentes de supuesta felicidad.

El príncipe y el yogui

Había una vez un príncipe que fue al bosque para encontrarse con un yogui, un sannyasi, y se inclinó ante él. Se postró como hace la gente en la India. Cuando se levantó, el yogui dijo:

—Por favor, siéntate. ¿Puedo preguntarte una cosa? ¿Por qué te has postrado ante mí?

—Pues verás —respondió—: eres un hombre de gran renuncia. Eras un rey, como mi padre. Lo dejaste todo y te viniste a este bosque a realizar prácticas ascéticas. Estás meditando, repitiendo tu mantra muchísimas veces y llevando una vida sencilla. Todo lo que tienes es una muda y vives en una choza. Estás mucho más evolucionado que yo ya que has renunciado a todo. Por eso quiero presentarte mis respetos.

—Escucha —le dijo el suami—, si es así, si soy un gran renunciante, soy yo quien tiene que postrarse ante ti, que inclinarse ante ti, porque has renunciado a mucho más de lo que yo nunca pueda renunciar. Ni todos los monjes del mundo entero juntos pueden igualar tu renuncia.

El príncipe no lo entendía:

—¿De qué estás hablando? Eso es una locura. ¿Qué quieres decir?

—Escucha, déjame hacerte una pregunta: supongamos que una persona posee un enorme y hermoso palacio y recoge todo el polvo del palacio y lo tira fuera. ¿Llamarías a eso renuncia? ¿Dirías que ha renunciado al polvo?

—No, eso no tienen nada que ver con la renuncia. Únicamente prescindió de la basura inútil.

—Supongamos ahora que recoge todo el polvo y lo guarda, y luego tira el palacio ¿Cómo llamaría usted a esa persona?

—Bueno, es un gran renunciante. Ha rechazado una cosa valiosa. Es un verdadero sannyasi.

—En ese caso —dijo el yogui— tú eres un gran renunciante porque has aceptado este polvo que es el cuerpo y tirado tu verdadero Ser, el Dios que está en ti. Solo te aferras al polvo. Así que, ¿quién ha renunciado más que tú? Yo no he renunciado a nada. Estoy sentado en el palacio de la conciencia de Dios, sin considerar este cuerpo, que es un verdadero montón de polvo, como mi propio ser. No he renunciado a nada. Solo me he quedado con lo más valioso.

En el curso de una vida espiritual, se encuentra algo que es más elevado y más satisfactorio que cualquier otra cosa. Se encuentra algo sublime: la Presencia de Dios, tu propia Verdadera Naturaleza. Por lo general, a la mayor parte de la humanidad no le interesa lo sublime. La mayoría de la gente quiere placer mental o corporal; pero hay otra clase de placer, el placer sublime y refinado que se obtiene por la compañía de mahatmas como Amma o mediante libros espirituales, meditación, canto devocional y otras prácticas espirituales.

Los hábitos mundanos tiran de nosotros

Perdemos el gusto por las cosas viejas y buscamos otras nuevas y más agradables; pero el recuerdo y la nostalgia de las cosas viejas puede persistir. Un diabético puede saber que no debe comer azúcar, pero no le va a resultar nada fácil dejar de tomarla. Va a necesitar bastante perseverancia y autocontrol. Tendrá que utilizar el conocimiento y aplicar la fuerza de voluntad. Se puede estar convencido de las verdades espirituales, se puede estar realizando esfuerzos por alcanzar los planos superiores de la experiencia interior; pero, como dice el refrán, es difícil enseñarle trucos nuevos a un perro viejo. Los pensamientos y acciones mundanos que se han repetido durante tanto tiempo no desaparecen fácilmente y se llevan con ellos los esfuerzos que estamos haciendo para sublimar la mente.

Amma pone el ejemplo de una manguera agujereada para mostrar cómo nuestros viejos hábitos mundanos pueden sabotear nuestros esfuerzos por sublimar la mente. La fuga de agua por los pequeños agujeros de la manguera reduce la presión del agua. Del mismo modo, si vivimos en una casa con muchos cuartos de baño, cuando nos duchamos, la presión del agua puede ser menor si alguien está duchándose en otro cuarto de baño. Si estamos en el tercer piso, las personas que estén utilizando los baños de los pisos más bajos quizá nos dejen solo con un chorrito de agua.

Del mismo modo, estamos intentando elevar nuestros pensamientos y nuestra atención a un nivel más sublime mediante prácticas espirituales, enfocando la mente en plexos que están situados por encima del abdomen: en el corazón, entre los ojos o en la parte superior de la cabeza donde se encuentra el loto de los mil pétalos, el asiento de Dios. Pero nuestros viejos hábitos nos llevan una y otra vez hacia abajo, hacia el abdomen y las regiones inferiores.

El cuerpo es como una casa con nueve agujeros que se abren al mundo que nos rodea. Hay siete en la cabeza y dos más abajo. Nuestra conciencia fluye constantemente hacia afuera por los diferentes agujeros del cuerpo, es decir, por los diferentes órganos de los sentidos. Estos son como fugas en una manguera que reducen la fuerza de la conciencia necesaria para impulsar la mente hacia planos de experiencia más sublimes y, en última instancia, hacia la unión con Dios, que es nuestra Fuente y nuestro Verdadero Ser. Debemos experimentar esa Luz gozosa tal y como es en lugar de los objetos sensibles exteriores hacia los que fluye. Es como nadar contra corriente para llegar al nacimiento de un río. Nuestra otra opción es quedarnos afuera, en el mundo del placer y del dolor.

La ira, el mayor obstáculo

La ira es uno de los mayores obstáculos para renunciar a la mente mundana. Amma dice que puede no parecer un problema mientras estamos enojados, pero después nos damos cuenta de que nuestra ira nos agita mucho y hace que otras personas nos tengan miedo y nos odien.

Hay una hermosa historia sobre una persona que casi vence la ira. Se llamaba Yudhíshthira. Era emperador de la antigua India hace miles de años y primo del Señor Krishna. Cuando era pequeño, iba a la escuela con sus hermanos y sus primos, todos juntos. Después de varios meses de estudio, el maestro decidió ponerles el primer examen del año. Llamó a los chicos uno por uno y les preguntó:

—¿Qué has aprendido?

Todos recitaron las lecciones. Por último, llamó a Yudhíshthira y le preguntó:

—¿Y tú, qué has aprendido?

—Yo aprendí el alfabeto y la primera frase de mi libro de texto —respondió Yudhíshthira.

—¿Eso es todo? —preguntó el maestro, sorprendido— ¿Solo has aprendido una frase? ¿Has tardado cuatro meses en aprender una frase y el alfabeto? Tus hermanos y tus primos han leído capítulos y capítulos. Pensaba que te ibas a convertir en un sabio, en el próximo emperador del país.

—Bueno, quizá también haya aprendido otra frase —dijo Yudhíshthira.

Al oír eso, el maestro decidió hacer entrar en razón al príncipe. Cogió un palo y lo golpeó en las piernas y en los brazos. El maestro perdió los estribos y, de hecho, estaba fuera de control. Le siguió pegando unos cinco minutos y durante todo ese tiempo el pequeño Yudhíshthira siguió allí, de pie, con una sonrisa feliz e inocente en la cara.

Por fin, viendo esa cara, el duro corazón del profesor se ablandó. Su enojo se disipó, dejó de golpearle al príncipe y le preguntó:

—¿Por qué no te has enfadado? Tú eres el príncipe de este país y tienes poder para despedirme. Yo solo soy un profesor. Cuando me enfadé con tus hermanos, algunos de ellos hasta me dieron una paliza. Así que, ¿cómo es que estás tan feliz y relajado?

Entonces el maestro vio el libro de texto que estaba abierto en la mesa de Yudhíshthira. La primera frase era: «No te enfades nunca, nunca pierdas la calma». No lo había visto antes. Se dio cuenta de que ese chico no solo había memorizado la primera frase, sino que había absorbido su significado, mientras que él, el maestro, no había aprendido nada a pesar de llevar tantos años enseñando. Abrazó al muchacho y le dijo que lo sentía.

—No he aprendido nada. Se supone que soy un famoso profesor. He leído cientos de libros, pero no he asimilado nada, mientras que tú has asimilado plenamente la primera lección.

—Bueno, a decir verdad, cuando me golpeabas, me enojé un poco —le dijo el muchacho.

—Pues eso significa que también aprendiste la segunda frase —respondió el maestro.

¿Y cuál era la segunda frase? «Decir siempre la verdad».

Esa es la verdadera asimilación puesta en acción. Esa es la medida en que tenemos que asimilar una enseñanza. Hasta ese punto tenemos que vencer la ira. ¿Imagináis estar tan libre de ira como para soportar unos golpes injustificados como esos? Cuando alguien nos insulta, «no nos mira bien» o perturba nuestra paz, tendemos a enojarnos. En algunos casos, podemos sentirnos tan molestos que amenazamos con herir o matar a la otra persona. Todos hemos oído hablar de la furia al volante, que es el ejemplo típico de la impaciencia y la ira. Así es como empiezan las guerras entre dos personas, entre dos religiones o entre dos naciones.

El egoísmo es otra «fuga»

El egoísmo es otra «fuga» de energía que nos mantiene abajo, en la tierra, y no nos permite elevarnos a las alturas espirituales. Estamos intentado conocer nuestra verdadera naturaleza o Ser, que es la conciencia infinita e inmortal, lo que llaman «el alma» en la filosofía occidental. El alma no es algo que tengamos o que esté en el cuerpo. Nosotros *somos* el alma inmortal, y nos identificamos erróneamente con el cuerpo perecedero. El egoísmo nos mantiene dormidos en el sueño de Maya, el poder universal de la ilusión que dirige nuestra mente hacia afuera apartándola de nuestro «yo», que es lo que somos realmente.

Todos nosotros conocemos personas egoístas, incluso sádicas y malvadas. Quizá incluso seamos una de ellas. Había una vez un hombre muy cruel, que disfrutaba haciendo sufrir a sus empleados. Era como el famoso Scrooge. Contrató a un cocinero y quería que este viviera de las migajas que quedaban después de su comida. ¡No iba a comer el cocinero lo mismo que él! La primera noche el cocinero hizo un plato delicioso y, cuando el amo lo vio, pensó: «No voy a dejar que el cocinero coma nada de esto. Se acostumbrará mal. Me lo voy a comer todo». Y le dijo al cocinero:

—Ahora no tengo hambre. Comeremos mañana por la mañana.

Pensaba que, si se esperaba hasta la mañana siguiente, estaría tan hambriento que sería capaz de acabar con toda la comida y, así, al cocinero no le quedaría nada. Y añadió:

—Pero te diré algo: el que tenga el mejor sueño esta noche podrá comerse toda la comida mañana por la mañana.

—Está bien —respondió el cocinero.

El amo creía que el cocinero no era más que un patán, un campesino ignorante. Un bobalicón así nunca podría tener un gran sueño. La apuesta iba a ser pan comido (nunca mejor dicho).

A la mañana siguiente, el amo llegó a la cocina más que dispuesto a engullir la comida. Justo después entró el cocinero.

—Muy bien, —dijo el hombre— ¿qué soñaste?

—Primero cuénteme usted su sueño, señor.

—He soñado que era el Emperador del mundo. El Presidente de los Estados Unidos, el Primer Ministro de Inglaterra, el Rey y la Reina de España… todo el mundo venía a verme y todos se inclinaban ante mí. Hasta los dioses hacían cola en lo alto del cielo para poder verme. Los sabios y los santos estaban de pie a mi izquierda y a mi derecha, y todos me cantaban alabanzas.

Al oírlo, el criado se puso a temblar.

—Y tú, ¿qué soñaste? —le pregunto el señor.

—Señor, yo no he soñada nada parecido a eso.

—¿En serio? —preguntó el señor, y riendo para sus adentros pensó: «Sin lugar a dudas, me voy a comer toda la comida».

—Pues dime, ¿qué soñaste?

—Tuve un sueño horrible —dijo el cocinero—, una terrible pesadilla. Un monstruo espantoso me estaba persiguiendo, me atrapó y estaba a punto de matarme.

—Bien, bien. Y entonces, ¿qué pasó? —preguntó el amo sonriendo.

—El monstruo me dijo: «Voy a matarte a menos que te comas toda la comida que hay en la cocina».

—¿Y qué hiciste?

—¿Qué podía hacer? Me levanté, fui a la cocina y me comí toda la comida.

—¿Por qué no me llamaste? —exclamó el amo.

—Oh, amo, traté de llamarle, pero me dio miedo cuando le vi sentado en esa corte con toda esa gente importante a su alrededor. Temí que me preguntaran quién era, y podían llegar a matarme, así que fui a la cocina y me lo comí todo.

Sin darnos cuenta, nuestras acciones, palabras y pensamientos negativos hacen fracasar nuestro objetivo de progresar espiritualmente. Son las fugas por la que se está escapando nuestra *sádhana*. Hacemos cosas negativas esperando beneficiarnos de ellas de alguna manera, pero lo cierto es que el tiempo las vuelve en contra nuestra. Como mínimo, fortalecen el sueño de la vida y la muerte, lo que hace más difícil que despertemos. Algunos devotos piensan que, a pesar de sus esfuerzos, no están progresando mucho. Pueden pensar que Dios o su guru no les están concediendo su gracia. En lugar de eso, deben mirar de cerca su mente y sus acciones para ver si están siguiendo el camino que su guru les está mostrando o si simplemente están haciendo las cosas como a ellos les gusta. La verdadera renuncia es resistir el tirón de nuestras *vásanas* negativas y cultivar las positivas. Limitarse a dejar nuestra casa y nuestra familia no funciona, porque dondequiera que vayamos nuestra mente viene con nosotros. Para algunos, es más fácil hacer el imprescindible trabajo de purificación física y mental en su hogar.

CAPÍTULO CATORCE

Cómo experimenta un discípulo la gracia de su guru

S e dice que a algunas almas afortunadas se les concede vislumbrar a Dios o reciben alguna otra manifestación de la gracia al comienzo de su vida espiritual. Esa experiencia rara vez es larga y a menudo no se repite, pero su intensidad les sirve de inspiración para toda la vida y como recordatorio que los impulsa hacia su objetivo, el Conocimiento, y les da energía para avanzar hacia él.

En los últimos treinta y cinco años hemos hablado con numerosos devotos de Amma sobre sus experiencias de la gracia de Amma, que son tan variadas como los propios devotos. Parece que lo que antes solo experimentaban unas pocas almas, ahora les es dado generosamente a millones por medio de Amma. Hasta se podría decir que uno de los objetivos principales de la vida de Amma es despertar a tantas almas como sea posible mediante su contacto y su abrazo divinos. Estos dejan una impresión profunda que cambia la vida de aquellos que los han experimentado.

En el pasado remoto y no tan remoto hubo dos grandes devotos que también recibieron la gracia de sus gurus. Afortunadamente para nosotros, sus experiencias han quedado registradas para la posteridad. Uno es el antiguo sabio Nárada Maharshi, cuya vida se narra en el *Shrímad Bhágavata Purana*. Hay que leer cuidadosamente esta historia, ya que contiene muchas ideas inspiradoras para los devotos sinceros. El otro es el relato de un devoto ruso del siglo XIX cuyo guru fue el gran santo ruso San Serafín. Su relato es un testimonio probablemente único en los anales de las experiencias de Dios de los devotos por la bendición de su guru.

Nárada Maharshi fue una de esas almas en la antigüedad. Era hijo de una criada que trabajaba en una comunidad de brahmanes védicos. Tradicionalmente, durante la estación de las lluvias permanecían allí muchos yoguis. Nárada, que entonces no era más que un niño de cinco años, ayudaba a su madre a servirles mientras escuchaba sus reveladoras conversaciones. Ellos compartían los sagrados restos de sus comidas con el niño, lo que purificaba su joven e inocente mente. Cuando los sabios se fueron al finalizar la estación de lluvias, le impartieron algunas enseñanzas espirituales adecuadas para su edad y su temperamento. Por ese motivo, en su mente germinó la semilla del desapego respecto a la existencia mundana.

Inesperadamente, su madre murió de una picadura de serpiente y Nárada se quedó completamente solo. En lugar de preocuparse por ello, consideró que era una bendición de Dios porque lo liberaba de todos los apegos y dependencias. Se fue de viaje por el mundo y pasó por muchos lugares. Caminó durante mucho tiempo y, cuando estaba completamente agotado, se detuvo cerca de un río en un denso bosque para refrescarse con el agua. Se sentó bajo un árbol y se puso a meditar en el Señor en su corazón, tal como le habían enseñado los yoguis.

Poco a poco, el Señor se fue manifestando en su mente. Lleno de devoción y anhelo, entró en el estado de samadhi. De pronto, la experiencia se terminó y, aunque intentó llegar otra vez al mismo estado, no lo consiguió. Eso le hizo sentirse muy inquieto y desgraciado. Entonces, oyó la voz del Señor:

—Oh Nárada, lamento que no vayas a poder volver a verme en esta vida. Los yoguis que no se han liberado completamente de las pasiones del corazón no pueden verme. Mi forma se ha revelado ante ti una sola vez para aumentar el deseo que tienes de Mí, porque, cuanto más Me anheles, más te liberarás de todos los deseos.

No hace falta remontarse a un pasado tan remoto para encontrar devotos que han sido bendecidos por Dios o por su guru con experiencias inspiradoras. A veces, es más fácil identificarse con las vidas y las experiencias de grandes devotos de una época más reciente. Una de esas personas fue Nicolás Motovilov, discípulo cercano de San Serafín de Rusia, una persona con Conocimiento de Dios del siglo XIX. Tuvo una experiencia directa de la gracia de su guru, que registró justo después de que ocurriera en beneficio de la humanidad. Nicolás le insistió a Serafín una y otra vez para que no solo le explicara la naturaleza de la Gracia Divina, sino que le permitiera experimentarla directamente. Así nos cuenta él la historia:

Entonces, el padre Serafín me tomó con mucha fuerza por los hombros.

—Ahora estamos los dos en la Presencia de Dios, hijo mío —me dijo—. ¿Por qué no me miras?

—No puedo mirarle, Padre, porque sus ojos brillan como relámpagos. Su cara resplandece más que el Sol y me duelen los ojos.

El padre Serafín sonrió.

—No te alarmes, hijo mío. Ahora tú mismo te has vuelto tan brillante como yo. Ahora te encuentras en la plenitud de la Presencia de Dios; de lo contrario no serías capaz de verme tal como soy.

Luego, inclinó la cabeza hacia mí y me susurró suavemente al oído:

—Gracias a Dios por su misericordia indescriptible con nosotros. He rezado mentalmente en mi corazón y le he pedido interiormente: «Señor, concédele ver claramente con los ojos del cuerpo ese descenso de tu Gracia que otorgas a tus servidores cuando te complace aparecer en la Luz de tu Gloria magnífica». Y ya ves, hijo mío, el Señor cumplió de inmediato la humilde oración del pobre Serafín. ¿Cómo no vamos entonces a darle gracias por este don inefable que nos ha concedido? El Señor no siempre muestra su misericordia de esta manera, hijo mío, ni tan siquiera a los más grandes ermitaños. Esta gracia de Dios se ha complacido en consolarte como si de una madre amorosa se tratara; pero, ¿por qué, hijo mío, no me miras a los ojos? ¡Mírame y no tengas miedo! El Señor está con nosotros.

Después de estas palabras le miré a la cara y un espanto reverente aún mayor se apoderó de mí. Imaginad que desde el centro del Sol, en la luz deslumbrante de sus rayos del mediodía, os habla el rostro de un hombre. Veis el movimiento de sus labios y la expresión cambiante de sus ojos, oís su voz, sentís que os está agarrando por los hombros, pero no veis sus manos, ni siquiera os veis a vosotros mismos ni su figura. Solo veía una luz cegadora que se extendía varios metros a su alrededor y que iluminaba con su brillo deslumbrante tanto el manto de nieve que cubría el claro del bosque como los copos que caían sobre mí y sobre el gran presbítero. Podéis imaginar el estado en que me hallaba.

—¿Cómo te sientes ahora? —me preguntó el padre Serafín.

—Extraordinariamente bien.

—Pero, ¿de qué manera? ¿Qué significa exactamente que te sientes bien?

—No hay palabras para expresar la calma y la paz que siento en el alma.

—Eso —dijo el padre Serafín— es esa paz sobre la que el Señor les dijo a sus discípulos: «Os doy mi paz. Os la doy no como la da el mundo». A los que son elegidos por el Señor, el Señor les da esa paz que estás sintiendo dentro de ti, la paz de la que se dice que sobrepasa toda comprensión. Es imposible expresar con palabras el bienestar espiritual que produce en aquellos en cuyo corazón la ha infundido Dios. Es una paz que viene de su generosidad y que no es de este mundo, porque no hay prosperidad terrenal temporal que pueda dársela al corazón humano. La concede el mismo Dios desde lo alto y por eso se la llama la paz de Dios. ¿Qué más sientes? —me preguntó el padre Serafín

—Una dulzura extraordinaria.

—Ahora esa dulzura inunda nuestros corazones y corre por nuestras venas con un deleite indescriptible. Esta dulzura derrite, por así decirlo, nuestros corazones y los dos estamos llenos de tanta felicidad que la lengua no puede describirla. ¿Qué más sientes?

—Un gozo extraordinario en todo el corazón.

—Cuando la Presencia de Dios desciende al hombre —prosiguió el padre Serafín— y lo cubre con la plenitud de su inspiración, el alma humana se desborda de un gozo inefable, ya que la Gracia de Dios llena de gozo todo lo que toca. ¿Qué más sientes?

—Un calor extraordinario.

—¿Cómo puedes sentir calor, hijo mío? Mira, estamos sentados en el bosque. Es invierno y hay nieve bajo nuestros pies. Estamos cubiertos por varios centímetros de nieve y siguen cayendo copos. ¿Qué calor puede hacer aquí?

—El mismo que hay en una sauna cuando se vierte el agua sobre la piedra y el vapor se eleva en forma de nubes.

—¿Y el olor? —preguntó—, ¿es el mismo que en la sauna?

—No —repliqué—. No hay nada en la Tierra como esta fragancia. Cuando mi madre vivía me gustaba la danza y solía ir a bailes y fiestas. Entonces mi madre me rociaba con un perfume que compraba en las mejores tiendas, pero esos olores no exhalaban una fragancia así.

—Lo sé tan bien como tú, hijo mío —dijo el padre Serafín sonriendo agradablemente—; pero te estoy preguntando adrede para ver si lo sientes de la misma manera. Es absolutamente cierto. La fragancia terrenal más dulce no se puede comparar con la fragancia que estamos oliendo ahora, porque ahora estamos envueltos en la fragancia de la Santa Presencia de Dios. ¿Cómo puede haber algo igual en la tierra? Me has dicho que a nuestro alrededor hace calor como en una sauna; pero mira: la nieve que hay sobre nosotros no se derrite, y tampoco la que hay debajo de nuestros pies; por tanto, este calor no está en el aire, sino en nosotros. Ese mismo calor es el que nos hace pedirle al Señor: «Caliéntame con el calor de tu Santa Presencia». Es el que mantenía calientes a los ermitaños permitiéndoles no temer las heladas invernales, ya que llevaban, como si fuera un abrigo de piel, la ropa dada por la gracia y tejida por la Santa Presencia. Y así debe ser realmente, ya que la gracia de Dios tiene que morar en nuestro interior, en nuestros corazones, porque el Señor dijo: «El Reino de Dios está dentro de vosotros». Con el Reino de Dios, el Señor se refería a la gracia de la Santa Presencia. Ese Reino de Dios está dentro de nosotros ahora, y su gracia brilla sobre nosotros y nos calienta también desde fuera. Llena el aire circundante de muchos olores fragantes, nos endulza los sentidos con deleite celestial e inunda nuestros corazones de gozo inefable. Nuestro estado actual es aquel del que se dice: «El Reino de Dios no es comida y bebida, sino justicia, paz y gozo en la Santa Presencia. Nuestra fe no consiste en las palabras razonables de la sabiduría terrenal, sino en la manifestación de la Gracia y el Poder. Ese es justo el estado en el que nos encontramos ahora. ¡Mira, hijo mío, qué gozo inefable nos acaba de conceder el Señor! Eso es lo que significa estar en la plenitud de la Santa Presencia. A nosotros, pobres criaturas, el Señor nos ha llenado a rebosar de la plenitud de su Gracia. Así que ya no necesitamos preguntar cómo se consigue estar en la Gracia de Dios.

CAPÍTULO QUINCE

La sádhana y las lágrimas

Al principio, dudé si escribir este capítulo. Yo sé cómo me siento a veces cuando la gente me cuenta sus problemas físicos con todo detalle, y por eso evito contar los míos. Me pregunto cómo Amma puede estar sentada durante tantas horas oyendo un problema tras otro. En todos estos años muchos devotos me han preguntado cómo consigo hacer sádhana a pesar de las dificultades físicas que padezco. Como muchos afrontamos esa clase de retos, tal vez este capítulo resulte útil para otros devotos y sadhaks. Así que, por favor, tened paciencia conmigo. Los que no estén interesados, por favor, que cierren el libro ahora, ya que este es el último capítulo.

Durante el tiempo que viví en los Estados Unidos, no tuve ninguna enfermedad después de las dolencias habituales de la infancia. Todas las dificultades comenzaron el día en que, con dieciocho años, pisé el barco que me llevaba a la India. Había decidido viajar en un barco de carga y de pasajeros porque era barato y relajado. Tardamos alrededor de un mes en llegar a Japón de camino a la India. Desde el primer día, tuve problemas digestivos graves. A veces, no iba al baño durante diez días seguidos y después, de repente, tenía que salir corriendo hacia los servicios dondequiera que estuviera. No tenía ni idea de por qué me estaba pasando eso. Pensaba que quizás fuera el agua o la comida del barco, pero nadie más parecía tener el mismo problema; al menos la gente que yo conocía.

Eso siguió así durante los primeros dos años que pasé en la India. Fue el preludio de lo que vendría después. Mientras estaba en el barco, me levantaba a las cuatro de la mañana, me daba una ducha y subía a cubierta. El ambiente puro y solitario del inmenso océano me llenaba de energía. Me quedaba allí meditando y haciendo yoga hasta después de la asombrosa salida del Sol.

Cuando llegué a Tiruvánnamalai y me instalé en el áshram, mi pequeña habitación no tenía baño, así que tenía que ir corriendo de repente por el áshram a los servicios públicos a cualquier hora del día o de la noche. Empecé a sentir que eso no era normal y que tenía que hacer algo al respecto. Realmente no interfería en mi programa diario, pero me sentía un poco preocupado. Fui a un médico homeópata local, que me dio unas pastillas y me dijo que volviera un mes después. Entonces fue cuando empezaron los verdaderos problemas. En cuanto empecé a tomar el medicamento, me sentí completamente agotado. Apenas podía levantarme por la mañana o caminar una distancia corta. Además, el problema por el que estaba tomando el medicamento no mejoraba. Volví al médico para decírselo, pero estaba fuera de la ciudad. Su hijo me dijo que todos sus pacientes se quejaban de fatiga mientras tomaban sus medicamentos. Decidí dejar de tomarlos, pero el cansancio no desapareció. De hecho, esa fatiga me ha acompañado hasta hoy. Probé muchas cosas, como vitaminas y comida nutritiva, pero no se produjo ningún cambio. Después comenzó la búsqueda con los sistemas alopático, ayurvédico, naturopático y unani, pero fue en vano.

Hasta el momento en que comenzó el cansancio, yo tenía la mente soberbia, arrogante y desobediente característica de un adolescente estadounidense normal. Como mi padre había muerto cuando yo tenía doce años, nadie me había controlado durante esos años formativos, y mi madre no era capaz de castigarme. Probablemente es lo que me hizo llegar a ser así. Por extraño que parezca, la constante sensación de arrogancia juvenil dio paso a un sentimiento de impotencia y después de humildad. Esto, a su vez, se convirtió en una sensación de paz interior. Todo pasó de repente. Fue el inicio de una práctica de por vida de entrega ante el sufrimiento y de aceptación de todo como una bendición del guru. Era obvio que un sentimiento así no habría podido llegar solo mediante la sádhana. Además, había creído erróneamente que la práctica espiritual me llevaría a un estado de poder situado más allá de la mente de una persona corriente. No sabía que la verdadera espiritualidad consiste en la destrucción del ego y que, a consecuencia de ello, se produce la inmensidad del estado sin ego. Aunque ya lo había leído, mi mente arrogante e inmadura no lo había asimilado y lo había malinterpretado.

En aquella época había decidido seguir sirviendo a mi maestro espiritual por difícil que fuera. También hacía puja y estudiaba las escrituras todos los días. Todo eso era muy duro, pero estaba decidido a afrontarlo porque creía que todas las dificultades me las enviaba Dios para purificarme la mente y fortalecerme espiritualmente. Decidí dejar de hacer yoga, ya que solo me estaba dejando sin fuerzas.

Con el paso de los años, empecé a tener lumbago, frecuentes migrañas y dolor abdominal. En el momento en que mi maestro falleció, en 1976, yo estaba más o menos postrado en cama. Tenía que ir a gatas a la cocina para tomar un poco de pan y leche, que era lo único que no empeoraba el dolor de estómago. A pesar de todo, seguí intentando mantener una actitud de entrega. Cuando mi vecino se dio cuenta de que no salía de casa, vino a verme y, al darse cuenta del estado de incapacidad en que me encontraba, ofreció que su esposa me cocinara algo para el almuerzo todos los días. Sentí que el guru le había enviado cuando lo necesitaba, porque si no me habría acabado muriendo de hambre.

En aquella época tuve la ocasión de ir a Mumbai a ver a Nisargadatta Maharaj, un sabio que vivía allí y que había alcanzado el Conocimiento del Ser. Un devoto me ayudó a hacer el viaje. En el encuentro con Maharaj le hablé de mis problemas físicos, y me dijo:

—Casi no te puedes ni sentar, ¿no es así? No importa. Los cuerpos de algunas personas enferman cuando practican en serio la meditación y otras prácticas espirituales. Depende de la constitución física de cada uno. No debes abandonar tus prácticas sino perseverar hasta que alcances la meta o hasta que el cuerpo muera.

Me acordé de lo que había dicho Rámana Maharshi sobre la enfermedad causada por la sádhana. Una vez le explicó a un devoto que, aunque en la mayoría de las personas la fuerza vital fluye hacia afuera a través de los sentidos, los aspirantes espirituales se esfuerzan por volverla hacia adentro y fundirla con su fuente interior. Eso provoca una tensión en los nervios, algo así como cuando se pone una presa en un río. Esa tensión se puede manifestar de distintas maneras, como dolores de cabeza, dolores corporales, problemas digestivos, problemas cardíacos y otros síntomas. El único remedio es seguir con la práctica.

También explicaba cómo el ser se identifica con el cuerpo y cómo se desapega y descubre su verdadera naturaleza:

Hay un «nudo» que es el vínculo entre el Ser y el cuerpo. El cuerpo es materia, el Ser es conciencia. La conciencia del cuerpo surge por ese vínculo. Como la corriente eléctrica, que es invisible, pasa por los cables visibles, la llama de la conciencia fluye por los diferentes canales o nervios del cuerpo. Esa difusión de la conciencia es la que nos permite ser conscientes del cuerpo. Como la conciencia llena todo el cuerpo, nos apegamos a él, pensamos que es el Ser y consideramos el mundo como algo distinto de nosotros. Cuando quien tiene discernimiento se desapega, abandona la idea de que es el cuerpo e investiga con gran determinación lo que brilla dentro como «yo», los canales empiezan a agitarse, el Ser se separa de ellos y resplandece aferrándose al canal supremo. Cuando la conciencia está solo en el canal supremo, se corta el nexo con el cuerpo y uno se queda como el Ser.

Rámana Guita

Cuando regresé al áshram, decidí olvidarme de mi salud y seguir los consejos de esos mahatmas: proseguir la sádhana y entregarme. En aquella época estaba siempre acostado. Entre el sufrimiento y la espera, empecé a sentirme deprimido. Curiosamente, cayeron en mis manos unas palabras de Shri Anandamayí Ma, una mahatma del norte de la India, que me animaron y me orientaron un poco. Decía:

El propio Dios se revela en el sufrimiento aparentemente insoportable. No se puede encontrar a la Madre hasta que en uno se despierta la fe de que todo lo que la Madre hace es lo mejor para su hijo. Cuando el Guru ha aceptado a un discípulo, no lo deja hasta que haya llegado a la meta. Esfuérzate hasta el límite de tus fuerzas, por muy débiles que sean. Él está allí para cumplir lo que haya quedado por hacer. Esfuérzate por abandonarte a Él sin reservas. Entonces no tendrás pena alguna, ni dolor, ni desengaño, ni frustración. La entrega incondicional a Él es el mejor consuelo para el hombre.

Poco después, me encontraba a los pies de Amma. Sentía que estaba en el cielo, a pesar de mi enfermedad. Gracias a las bendiciones de Amma recuperé la salud hasta cierto punto. Podía hacer gran parte del trabajo del áshram, aunque con mucha dificultad. Por su ejemplo y su guía fui aprendiendo a no preocuparme demasiado por el cuerpo y a entregarme a la voluntad de Dios.

En 1990 Amma me envió al áshram que tenía cerca de San Francisco. Allí me ocupaba de dar satsangs, de los bhajans, de dar clases sobre las enseñanzas de Amma a la luz de las escrituras antiguas de la India, de reunirme con los devotos y de escribir libros. Aunque era una lucha constante, sentía que era una bendición poder servir a Amma de esa manera. Estuve allí hasta 2001, pero los dos últimos años fueron terriblemente dolorosos, con constantes migrañas que eclipsaban los demás problemas físicos. Ya no podía hacer el trabajo que me enviaron a hacer allí, por lo que regresé a la India.

En una de sus visitas, Amma le había dicho a uno de los devotos que yo tenía cáncer. No presté mucha atención en aquel momento porque no notaba ningún síntoma. Después de regresar a la India, me salió un bulto en la parte posterior del cuello. Lo acabaron diagnosticando como un linfoma raro, una clase de cáncer de la sangre que ataca los ganglios linfáticos. La literatura médica decía que no había tratamiento efectivo y que el tiempo medio de supervivencia era de unos tres años. Al oír esto, me entristecí mucho. Entonces decidí poner en práctica lo que había aprendido hasta ese momento: la entrega y el desapego. Me sometí al único tratamiento disponible, los esteroides, que me provocó un notable aumento de peso y me debilitó aún más. Así estuve siete años. La mayor parte de ese tiempo seguí luchando, trabajando en el hospital AIMS haciendo diseño gráfico, que había aprendido mientras estaba en San Francisco.

Al cabo de siete años, los esteroides dejaron de funcionar y el linfoma se activó. El médico propuso que probáramos con la quimioterapia, y me la hicieron durante cuatro meses. Después de ocho meses de remisión, el cáncer volvió, pero esta vez era una clase de cáncer curable el noventa por ciento de las veces. Me sometí durante otros cuatro meses a otra clase distinta de quimio, y al final el cáncer remitió hasta el día de hoy, cinco años después. Desgraciadamente, todo eso dio lugar a la hinchazón permanente de una pierna.

Todavía sigo con todos los problemas que padecía cuando llegué a Ámritapuri en 1979, aunque en menor grado. Nunca tengo un momento aburrido en el que no pueda practicar la entrega y el desapego. Parece que una práctica tan constante produce gradualmente un estado de serenidad y ausencia de temor. ¿No es el ego, el ser que se identifica con el cuerpo, el que se preocupa y se inquieta? La entrega lo va desgastando y extinguiendo lentamente.

Adi Sankaracharya, cuya filosofía aduaita vedanta, la ciencia del Autoconocimiento, es la que enseña Amma, dice:

> Buscar el Ser amando el cuerpo perecedero es como tratar de cruzar un río agarrándose a un cocodrilo
>
> Vivekachudámani, estrofa 84

Aquellos que tienen el buen karma de querer escapar de la aparentemente inacabable rueda samsárica de la vida, la muerte y la reencarnación deben tomar muy en serio esos dichos de los sabios del pasado y las palabras y el ejemplo de la vida de Amma.

Es obvio que Amma es siempre plenamente consciente de nuestras dificultades, aunque a veces no parezca demostrarlo. Hace muchos años, cuando el áshram estaba empezando, Amma, al volver de la casa de un devoto, se me acercó y me dijo que había estado pensando en mí y había compuesto una canción. Se llamaba *Íshuari Jagadíshuari*.

> Oh, Diosa, Diosa del Universo, Conservadora y Dadora de la Gracia y la Liberación Eterna, por favor líbrame de todas mis penas.

> He visto los placeres de esta vida mundana tan llena de aflicciones. Por favor no me hagas sufrir como las polillas que caen en el fuego.

> Atado por el lazo del deseo por delante y la soga de la muerte por detrás, oh Madre, ¿no es una lástima jugar intentando entrelazarlos?

Lo que se ve hoy no estará ahí mañana. Oh, Conciencia Pura, este es tu juego. Lo que realmente es, no se puede destruir. Cualquier cosa que pueda destruirse es transitoria.

No me muestres el camino equivocado y derrama tu Gracia sobre mí, oh Madre Eterna. Oh, Tú, la Destructora de la miseria, quítame esta carga de dolor.

Oh, Madre del Mundo, te pido con las palmas juntas poder lograr el fruto del nacimiento humano. Oh, Diosa del Mundo, que tienes todas las formas, me postro a tus Pies.

¿Tiene que pasar todo aquél que busca seriamente el Ser por tanto o más sufrimiento como yo he pasado? No lo sé. Creo que cada jiva o alma tiene su propio camino exclusivo hacia Dios. Son afortunados aquellos que se han refugiado en Amma, que puede guiarlos, y lo va a hacer, hacia la Meta, por mucho tiempo que haga falta. Sea lo que sea por lo que uno tiene que pasar, la entrega inocente al guru es el único camino regio hacia la Liberación.